KB062956

몸은 사회를 기록한다

몸은 사회를 기록한다

우리 몸에
새겨진
불평등의
흔적들

시민건강연구소 씀

낮은산

- 일러두기

- 본문에서 단행본은 『 』, 보고서는 「 」, 학술지는 《 》, 신문은 〈 〉, 논문은 " "로 표시했다.
- 주에서 국내 단행본, 보고서, 학술지는 본문의 약물을 따랐으며, 기사 및 방송 프로그램은 〈 〉로 표시했다. 국외서는 단행본, 학술지는 이탤릭체로, 논문, 보고서, 기사는 " "로, 방송 프로그램은 〈 〉로 표시했다.
- 본문의 그림과 표는 기존 자료를 이용하여 재가공했다.

들어가며

이 책은 시민건강연구소가 〈프레시안〉에 매주 연재하던 '서리풀연구통' 글타래를 모은 것이다. '서리풀연구통'이라는 제목은 세 단어를 조합한 것이다. 처음 연재를 시작할 당시 시민건강연구소가 자리 잡고 있던 '서초'의 옛 이름에서 '서리풀'을 가져왔고, 최신의 학술 '연구' 내용을 시민과 '소통(通)'하겠다는 뜻을 담았다.

서리풀연구통은 애초에 두 가지 목적을 가지고 시작했다.

우선, 온통 잘 먹고 잘 사는 섭생이 지배하는 한국 사회에 그게 다는 아니라는 이야기를 전하고 싶었다. 현재 주류 미디어의 건강 담론은 기이하게 양분되어 있다. 한쪽에서는 각종 효소와 자연 요법, 자연인의 삶이 바람직한 것으로 간주된다. 자연주의 식생활을 할 수밖에 없었던 전근대 사회의 기대 수명이 채 40년도 안 되었고, 첫돌을 넘기지 못하는 아기들이 많았다는 사실은 아랑곳없다. 과거는 그저 아름답고 자연은 조화로운 이상향이다. 다른 쪽 끝에는 첨단 의학이 기세를 떨치고 있다. 피 한 방울로 온갖 질병을 진단해 낼 수 있고, 로봇과 인공지능, 유전자와 줄기세포로 세상에 치료하지 못할 병이 없어 보인다. 전혀 어울리지 않는 이 두 가지의 공통점은 개인의 올바른 지식, 건강 행동의 실천, 최첨단 서비스의 구매를 통해 우리가 건강해질 수 있다는 것이다. 현실도 과연 그러한가? 어떤 진공 속의 세상, 영화 속의 세상이기에 모두가 그토록 자유롭고 합리적이며 조화로운 삶을 선택할 수 있다는 말인가? 우리는 건강한 선택을 어렵게 만드는 힘, 사람들이 건강해질 수 있는 기회를 제한하는 거대한 사회적, 정치적, 경제적 힘에 대해 이야기하고 싶었다. 비정규직 노동자들이 일터에서 더 많이 다치고, 가난한 가정의 어린이들이 더 비만한 것은 '개인적'이 아닌 '사회적'인 것이고, 그래서 이러한 문제를 해결하기 위해서는 '사회적' 접근이 필요하다는 것을 동료 시민들에게 이야기하고 싶었다.

둘째, 우리는 연구자들이 논문을 열심히 쓰는 것뿐 아니라 시민과 소통하고 대중의 관점에서 전문 지식을 전달하는 '훈련'이 필요하다고 생각했다. 과학, 전문 지식의 사회적 영향력이 커질수록 그에 따른 시민의 비판과 감시도 강해져야 하지만, 현실은 그렇지 못하다. 전문 분야의 지식이 심화될수록 해당 분야에서 훈련을 받은 사람과 그렇지 않은 사람 사이에 격차가 커지기 마련이다. 인터넷을 통해 온갖 지식에 쉽게 접근할 수 있는 세상이라지만, 검색 몇 시간으로 통달할 수 있는 지식이란 애초부터 전문 지식이랄 수 없는 경우가 많다. 한편, 세부 전공 영역에서, 주로 동료 연구자들로 구성된 학술 공동체 안에서 생활하는 전문가들은 점차 일상의 언어로 자신의 일을 설명하는 데 어려움을 겪게 된다. 특히나 정형화된 논문 형식, 영어 중심의 연구 결과 발표는 이를 더욱 어렵게 만든다. 우리는 서리풀연구통이 젊은 연구자들이 동료 시민들과 소통할 수 있는 창구이자 훈련의 장이라고 생각했다. 대개 평판이 높은 국제 학술지에 발표된 다른 연구자들의 논문을 대중이 이해할 수 있게 요약하고 그 의미를 설명하면서 한국 사회에서의 함의를 서술하는 과정은 젊은 연구자가 보다 성찰적으로 자신의 연구 활동을 돌아보고 실천적 연구 활동을 고민해 볼 기회가 되었다.

이러한 목적으로 연재된 서리풀연구통 원고들을 모아 책으로 내는 과정은 또 다른 도전이었다. 매주 실리는 글은 대개 그즈음의 사회적 이슈와 관련성이 높기 마련인데, 시간이 흐르고 나면 그 시의성이 사라질 수 있기 때문이다. 이슈가 이슈를 몰아내는 한국 사회에서 이 문제는 결코 가벼운 것이 아니다. 그러나 막상 원고를 정리하다 보니, 하루가 다르게 이슈가 변하는 한국 사회라지만 정작 문제가 제대로 '해결'되고 넘어간 사례는 별로 없다는 것을 새삼 확인할 수 있었다. 몇몇 사건의 세부 사항이나 통계 수치에서의 변화는 있었지만, 문제의 본질에 대한 지적과 소개된 논문의 사회적, 실천적 함의는 전혀 낡은 것이 아니었다. 그것이 오히려 우리의 마음을 무겁게 했다.

원고를 종합하는 과정에서 더 중요한 문제는 개별 글이 최신 논문의 소개에 초점을 두고 있는지라, 학계에서는 이미 충분한 검토가 이루어진 내용, 더 이상 새로운 지식이라고 할 수 없는 기초 지식에 해당하는 내용들이 빠져 있다는 것이었다. 이를테면 사회 불평등이 우리 몸에 어떻게 각인되어 건강 불평등으로 이어지는가에 대해서 이야기하려면 당연히 시상하부-뇌하수체-부신으로 이어지는 스트레스 반응에 대한 소개부터 시작해야 한다. 하나의 '필수 기초 과목'인 셈이다. 하지만 이는 사회역학 분야 연구자들에게 그리 새로운 내용이 아니다. 우리가 소개한 논문들은 이러한 주제를 건너 뛰어 염증 반응, 마이크로바이옴 같은 '최신' 주제에 초점을 두고 있다. 독자 입장에서 보자면, 가장 근거가 많이 쌓여 있고 학계 정설로 자리 잡은 기초 지식은 접하지 못한 채 최신 정보만 편식하게 되는 셈이다. 책으로 엮는 과정에서는 시차를 고려하여 정보들을 업데이트하는 것뿐 아니라, 가급적 이러한 '기본 지식'을 보완하고자 했다. 논문이 발표된 상황의 전후 맥락을 이해할 수 있게 해 주는 근거 자료와 관련 연구들도 부분적으로 추가했다. 꼼꼼하고 호기심 많은 독자의 눈으로 많은 질문을 던져 준 낮은산 강설애 편집자의 수고로움 덕에 훨씬 읽기 쉽고 풍성한 글이 되었다.

그럼에도 아쉬움은 남는다. 사회적·문화적·정치적·경제적 요인들이, 후성유전적 변화에서부터 염증, 건강 행동, 주거와 근로 환경, 보건의료 서비스, 사회 정책에 이르기까지 실로 다양한 방식으로 우리 건강에 해로운 혹은 바람직한 영향을 미치는 데 비해 우리 책은 그중 극히 일부분만을 소개하고 있을 뿐이다. 또한 현재 지배적인 건강 담론의 영향력에 비하면 우리의 목소리는 아직 작다. 하지만 이 책이 발간된 이후에도 서리풀연구통은 계속될 것이고, 퍼즐의 남은 부분은 조금씩 부지런히 채워 나갈 것이다. 또한 책을 읽고 난 독자들과 함께 '건강의 사회적 결정요인'과 '건강 불평등'에 대한 이야기들을 확장해 나갈 것이다.

이 책의 글들은 전반적으로 건조하다. 따뜻한 감성이나 감정을 몰입시키는 극적인 사례도 없다. 우리는 사회적 불의와 불평등에 대한 분노, 빼앗긴 자들에 대한 깊은 감정이입(empathy)만큼이나, 냉정한 분석과 대안, 서로 다른 자리에서의 이성적 공감(sympathy)이 문제 해결에 중요한 역할을 할 수 있다고 믿는다. 독자들 또한 사회적 연대의식을 가슴에 품은 채, '건강의 사회적 결정요인'과 '건강한 공공 정책'에 대한 서늘한 지식과 통찰을 얻기를 기대한다.

2018년 7월

글쓴이들을 대신해서 김명희 씀

/차례/

2. 차별, 부패, 불평등이 우리의 건강을 위협한다

3. 제도, 기술, 정치가 우리를 보호하지 않을 때

4. 건강 불평등 사회를 함께 헤쳐 나가려면

1

동네, 학교, 일터가 우리를 아프게 한다

죽도록 일하다가 정말 죽는다

그들은 왜 산업재해에 더 취약한가

백수보다 해로운 직장 생활

'경력 단절 여성'이 위험하다

시간 유리 천장에 갇힌 사람들

소녀들의 몸과 마음을 갉아먹는 성적 괴롭힘

지역 간 건강 불평등의 뿌리

'원인의 원인'을 찾아서

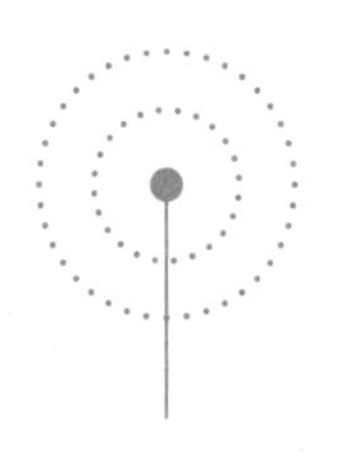

죽도록 일하다가 정말 죽는다

소진 증후군, 개인의 문제가 아니다

잊을 만하면 버스 졸음운전으로 인한 대형사고 소식이 들린다. 그리고 사건이 발생할 때마다 언론들은 버스 운전기사들이 애써 졸음과 싸워 가며 운전하고 있다는 사실을 앞다투어 보도한다. 〈경향신문〉은 동승 취재를 통해, 2시간 30분의 운전 동안 버스기사가 겨우 5분밖에 쉬지 못했고, 피로로 인한 졸음을 쫓기 위해 졸음 방지 껌은 물론 양파와 생마늘까지 동원한다는 기사를 보도하기도 했다. 잠을 쫓기 위해 휴대전화 통화를 한다는 아이러니한 고백도 있었다.[1] 생양파, 생마늘까지 먹어 가면서 억지로 운전을 해야 한다니, 그 피로가 어떨지 짐작이 간다.

이는 비단 버스 운전기사들만의 이야기도 아니다. 우리 사회의 많은 노동자들이 장시간 근로와 과중한 업무 스트레스로 인해 소진 증후군(burnout syndrome)에 시달리고 있다. 소진 증후군이란, 일로 인해 신체적, 정서적 피로가 장기간 누적된 결과, 말 그대로 에너지가 모두 소진된 상태를 뜻한다. '하얗게 불태웠어'라는 만화 속 말풍선 대사와 학술 용어가 드물게도 일치하는 사례다. 소진 증후군은 무기력감, 냉소주의를 가져오며, 특히 만성적 소진 상태는 불면증, 우울증, 공황장애를 불러올 뿐 아니라 사망으로 이어질 수도 있다. 실제로 대표적 복지국가 중 하나인 핀란드에서 이루어진 연구에서도, 업무로 인한 극도의 피로나 소진 현상을 경험한 노동자일수록 사망률이 높다는 보고가 있었다.[2] 죽도록 일하다가는 정말로 죽는다는 것이다.

인터넷에 '소진 증후군'을 검색해 보면 소진 상태를 자가 진단할 수 있는 방법, 이를 극복하기 위한 다양한 방법들이 소개되고 있다. 예컨대, '마인드 바캉스'는 지친 뇌를 충전하고 마음에 자유를 주는 일종의 '단절 훈련' 방법이다. 여기에는 조용한 곳에서 천천히 음미하며 식사하기, 10분 동안 산책하며 사색하기, 시 읽기 같은 것들이 포함되어 있다.[3] 듣기만 해도 피로가 풀어질 것 같은 느낌이다.

그런데 몇몇 특별한 사람들이 아니라 이렇게 많은 사람이 소진을 호소한다면, 생마늘과 생양파, 마인드 바캉스 같은 '개인의 노력'만으로 대응하는 것이 타당한 것일까? 소진 증후군 문제를 사회적 현상으로 바라보고 접근해야 하는 것은 아닐까?

'소진'의 사회적 성격

2017년 4월 국제 학술지 《응용심리학회지》에 발표된 위스콘신 대학교 장릭신(Jiang L) 교수팀의 논문은 소진의 '사회적 성격'에 주목하고 있다.[4] 연구팀은 고용 불안과 소진 사이의 관계를 살펴보고, 나아가 소득 불평등에 따라 고용 불안이 소진에 미치는 영향이 어떻게 달라지는지 살펴보았다.

연구팀은 2005년에 30개국, 23,778명을 대상으로 시행한 국제사회조사(ISSP, International Social Survey Programme) 자료와 '세계 소득 불평등 데이터베이스' 자료를 이용하여 '고용 불안을 많이 느낄 때 소진 상태가 심각해지고, 소득 불평등이 심한 사회일수록 고용 불안으로 인한 소진이 더 심각할 수 있다'는 가설을 검증하고자 했다. 고용 불안에 대해서는 '내 일자리는 안정적이다'라는 문장에 대해 '매우 동의한다'에서 '전혀 동의하지 않는다'까지 5점 척도로 측정했다. 그리고 소진 상태는 '당신은 일을 마친 후 얼마나 자주 기진맥진한 상태로 집에 돌아옵니까?'에 대해 '항상'에서부터 '전혀'에 이르기까지 5점 척도로 측정했다. 또한 국가별 소득 불평등은 잘 알려진 지니계수를 이용하여 측정했다. 연구팀은 소진 상태에 영향을 미치는 다양한 개인 속성과 국가 수준의 속성을 동시에 고려하기 위해 다수준 분석 기법을 적용했다.

분석 결과, 우선 고용 불안이 심할수록 소진 상태가 심각한 것으로 나타났다. 즉 자신의 일자리가 불안정하다고 느끼는 노동자일수록 더 높은 수준의 소진 상태를 호소했다. 고용 불안을 느끼면 미래의 잠재적 실업에 따른 소득과 여타 자원 상실을 걱정하게 된다. 다시 말해, 고용 불안은 그 자체로 소진 상태를 촉진시키는 스트레스 요인으로 작용하는 것이다.

둘째, 소득 불평등이 심한 국가의 응답자들일수록 소진 상태를 더 많이 경험했다. 또한 연구 가설대로, 소득 불평등이 심한 국가들에서 고용 불안이 소진에 미치는 영향이 더 심각했다. 즉, 소득 불평등이 심한 사회에서는 노동자들이 비슷한 정도의 고용 불안에 대해서도 더 높은 수준의 소진 상태를 호소한 것이다. 이는 소득 불평등이 맥락적 스트레스 요인으로 작용하고 있음을 나타낸다.

연구팀은 이러한 결과를 일반화할 수 있는지 확인하기 위해 미국 자료를 이용하여 비슷한 분석을 반복했다. 미국 설문에는 소진을 평가하기 위해 '탈진' 상태('나는 내 일로 인해 정서적으로 고갈되었다고 느낀다')뿐 아니라 냉소주의('나는 내 일이 뭐라도 기여하는 게 있는지 더욱 냉소적이 되었다') 항목을 포함하여 10개 항목을 측정했고, 고용 불안도 한 개 항목이 아닌 9개 항목으로 좀 더 정교하게 측정했다. 미국 48개 주의 소득 불평등 자료와 설문에 참여한 개인 402명의 자료를 이용하여 역시 다수준 분석을 시행한 결과, 앞서의 30개국 분석과 비슷한 결과를 얻었다.

생양파와 생마늘에 기대는 사회

연구팀은 소득 불평등이 심한 사회일수록 물질적 자원과 심리·정서적 자원을 획득할 수 있는 기회가 불평등하게 분포한다는 점을 들어 분석 결과를 설명했다. 소득이 불평등하다는 것은 개인이 필요로 하는 자원에 접근할 수 있는 기회가 불평등하게 분배된다는 것을 뜻한다. 이러한 기회에는 금전으로 환산할 수 있는 물질적 자원뿐 아니라 심리·정서적 자원도 포함된다. 이미 많은 연구들에서 소득 불평등이 사회적 신뢰, 행복 등에 부정적 영향을 미친다는 점을 지적해 왔다. 예컨대 소득 불평등이 심한 곳이라면 부유층은 그들만의 주거 단지를 형성하고, 개인적으로 교육, 의료, 교통, 치안 서비스 등을 구매할 수 있다. 이런 경우 소득 계층 간의 적대감이나 범죄에 대한 두려움이 커지는 것은 물론, 사회적 필수 서비스와 사회보장에 대한 공적 투자가 위축되고 일자리의 분절화도 심해지기 마련이다. 이런 상황에서라면 고용 불안 같은 스트레스에 개인이 대응할 수 있는 심리·정서적 자원도 제한될 수밖에 없다. 결과적으로 소득 불평등이 심각할 때 고용 불안에 따른 스트레스는 더욱 심해질 수 있으며, 이는 결과적으로 더 높은 수준의 소진 상태와 연결되는 것이다.

고용 불안, 소득 불평등 모두 개인이 만들어 냈다고 보기 어려운 사회적 요인이다. 한국 사회는 1997년 외환위기를 기점으로 노동시장 유연화가 급격하게 확대되었다. 이러한 노동 유연화는 질적 측면보다는 비정규직 확대를 통한 수량적 유연화 측면에 초점을 두어 왔다. 오늘날 한국 경제는 외환위기 이전으로의 회복을 넘어 큰 폭으로 성장했지만, 소득 불평등은 매우 심각한 수준이다. OECD 회원국 중에서도 미국을 제외하면 가장 높은 수준의 불평등을 보이고 있고, 그 중요한 원인 중 하나가 대기업 대 중소기업, 정규직 대 비정규직으로 나누어진 이중 노동시장 때문이다.[5] 앞서 소개한 연구 결과에 비추어 본다면, 한국 사회의 많은 노동자들이 극심한 소진을 호소하고 있는 것은 그리 놀라운 일이 아닌 셈이다.

피로의 누적과 그로 인한 건강의 이상 신호는 나의 책임과 나의 나약함 때문이 아니다. 열악한 근로 환경, 불안한 고용 상태를 박차고 나가도 더 나은 대안이 존재하지 않는 사회에서 누구도 불만을 제기하거나 사표를 던지기 어려운 것이 현실이다. 그렇게 피로는 누적되어 가고 우리는 그나마 혼자 할 수 있는 최선의 수단, 밥을 천천히 음미하면서 먹기, 10분 산책하기, 그것도 안 되면 생양파와 생마늘의 효능에 기댈 수밖에 없는 것이다. 사회가 변화하지 않는 상황에서 이러한 대책들은 효과를 발휘하기 어렵다. 버스 운전기사의 졸음운전을 생양파와 생마늘이 막아 주지 못했던 것처럼 말이다.

장시간 노동과 과중한 업무량, 고용 불안정과 소득 불평등. 이 모든 것은 자연적으로 발생한 기이한 현상이 아니라 우리 사회가 만들어 낸 제도와 정책의 결과물이다. 소진에 대한 '사회적' 대응이 필요하다. 집단적 문제에는 집단적 해결이 필요하다.

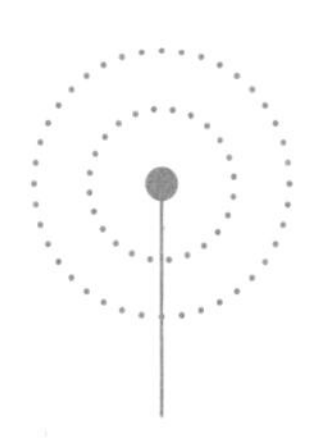

그들은 왜 산업재해에 더 취약한가

산재 위험성을 가중시키는
근본적인 요인들

한국의 산업재해(산재) 사망률이 OECD 회원국들 중 1~2위를 다툰 지가 벌써 10년이 넘는다. 2016년에도 산재 사망자 숫자가 1,777명이었으니, 하루에 네 명 이상 생을 달리한 셈이다. 이쯤 되면 사회적 경각심이 높아질 만도 하지만, 매번 '비슷비슷한' 그래서 더 안타까운 산재가 잇따르고 있다. 예를 들어 보자. 2018년 1월 포스코 냉각탑 안에서 충전재 충전 작업을 하던 노동자 네 명이 질소 가스에 질식해서 사망하는 일이 발생했다.[1] 2013년 5월에는 현대제철의 밀폐된 전로에서 작업하던 노동자 다섯 명이 아르곤 가스 질식으로 사망했다.[2] 2011년 7월에는 이마트 냉동기실에서 수리 작업을 하던 노동자 네 명이 프레온 가스에 질식해 목숨을 잃었다.[3] 이들 사고의 희생자들은 모두 하청 업체 소속 노동자들이었다. 회사가 기본적인 안전 조치만 제대로 지켰어도 발생하지 않았을 비극적 사건들이었다는 공통점을 갖고 있다.

우리 사회에서 산재는 지나치게 반복적이고 비슷한 형태로, 그것도 노동시장에서 불안정한 지위에 놓여 있는 이들에게 집중적으로 일어나고 있다. 노동자 입장에서 본다면 '위험의 불평등', 기업 입장에서 본다면 '위험의 외주화'인 셈이다.

사정이 이러한데도 정부는 '안전 불감증'을 탓하며, 안전 교육과 캠페인에 집중하고 있다. 과연 노동자들이 어떻게 해야 안전을 지킬 수 있는지 몰라서, 혹은 건강과 안전 따위는 중요하다고 생각하지 않아서 스스로를 위험에 몰아넣는 것일까?

안전 교육만으로 산재를 예방할 수 없다

캐나다 '일과 건강 연구소' 모건 레이(Lay AM) 박사 연구팀이 2017년 국제 학술지《안전 과학》에 발표한 논문은 이러한 고정관념에서 벗어나 노동자들이 산재 위험을 줄일 수 있는 자원과 수단에 쉽게 접근할 수 없을 때 산재에 더 취약해진다는 사실을 입증하고 있다.[4] 연구팀은 노동자 개인의 특성이나 업무 특성에 따라 산재 고위험 집단을 구분하는 것은, 산재 위험 요인이 마치 특정 집단의 본래 속성이거나 개인의 부주의나 위험 행동 때문에 산재가 발생한다는 잘못된 결론으로 이어질 수 있다고 비판한다. 예컨대 청년이나 고령 노동자, 이주 노동자는 원래 산재에 취약하다고 단정하는 것이 그러한 사례다. 연구팀은 이러한 관점에 기초한 연구는 안전 교육과 노동자 행동 변화만으로 산재를 예방할 수 있다는 성급한 결론으로 이어지고, 산재 위험을 높이는 실질적 요인을 간과하도록 만든다고 지적했다. 그래서 이들 연구팀은 노동자 개인 특성이 아니라 산재 위험성을 가중시키는 보다 근본적인 요인을 살펴보고자 했다.

연구팀은 2015년에 캐나다 온타리오 주와 브리티시 컬럼비아 주에 거주하는 노동자 1,243명을 대상으로 산재 경험 여부, 작업 중 산재 위험 요소에 대한 노출 정도, 산재를 예방할 수 있는 자원에 노동자들이 얼마나 접근할 수 있는지 정도에 대해 설문 조사를 실시했다.

연구팀은 산재 위험 요소에 대한 노출만이 아니라 산재 위험을 줄일 수 있는 자원에 대한 접근 정도가 산재 취약성의 중요한 영향 요인이라고 가정했다. 산재 위험을 줄일 수 있는 자원은 세 가지로 구분했는데, ① 산재 방지를 위한 정책과 적절한 절차의 존재 ② 작업장 안전에 대한 노동자의 권리와 책임 인지 ③ 본인과 동료의 산재 예방을 위해 행동할 수 있는 역량이 그것이다. 연구팀은 산재에 대한 취약성을 "작업 중 산재 위험 요소에 노출되는 것 + 산재 위험을 줄일 수 있는 자원의 부족 혹은 자원에 대한 접근이 불충분함"의 결합으로 정의했다.[표1]

<table>
<tr><th colspan="2" rowspan="2">구분</th><th colspan="2">산업재해를 방지할 수 있는 자원</th></tr>
<tr><th>충분</th><th>불충분</th></tr>
<tr><td rowspan="2">산업재해 위험 요소에 대한 노출</td><td>노출되지 않음</td><td>작업 중 산재 위험 요소가 적음. 산재를 방지할 수 있는 자원이 충분.</td><td>작업 중 산재 위험 요소가 적음. 산재를 방지할 수 있는 자원 불충분.</td></tr>
<tr><td>노출됨</td><td>작업 중 산재 위험 요소가 있음. 산재를 방지할 수 있는 자원이 충분.</td><td>작업 중 산재 위험 요소가 있음. 산재를 방지할 수 있는 자원이 불충분.(산업재해에 가장 취약)</td></tr>
</table>

[표1] 산재 취약성 모형

여기에서 산재 위험을 줄일 수 있는 자원에 대한 설문 문항들을 눈여겨볼 필요가 있다. 문항들은 산재 예방을 위한 적절한 예방책들이 존재하는가 여부를 넘어서, 노동자의 관점에서 산재 예방책들이 얼마나 이해 가능하고 실제로 적용 가능한지, 특히 작업장 안전을 개선하기 위해 노동자 스스로 목소리를 낼 수 있는 환경이 보장되는지 여부를 묻고 있다.

이를테면 '산재 방지를 위한 적절한 정책과 절차가 존재하는가'와 관련하여, 작업장 안전 문제에 대해 노동자가 경영진과 정기적으로 의사소통을 하는지, 작업장 안전 보건이 생산성만큼 중요하게 다뤄지고 있는지, 노동자가 이해할 수 있는 방식으로 작업장 안전 수칙에 대한 소통이 이루어지고 있는지 등을 질문했다.

또한 '작업장 안전에 대한 노동자 권리와 책임 인지'에 대해서는 노동자가 근무 환경과 안전 보건 문제에 대한 스스로의 권리와 책임을 알고 있는지, 고용주의 책임을 분명히 알고 있는지, 만약 안전 보건 문제가 발생한다면 이를 누구에게 보고해야 하는지를 아는지 등을 물었다.

끝으로 '산재 예방을 위해 적극적으로 참여할 수 있는 역량'과 관련해서는, 작업장 안전 보건 문제를 개선하기 위해 문제 제기를 할 수 있는지, 만약 근무 환경 내 위험 요인을 문제 제기하더라도 회사가 나에게 불이익을 가하지 않을 것이라고 생각하는지, 나의 일을 안전하게 완수하는 데 충분한 시간이 주어지는지 등에 대해서 질문했다.[표2]

구조의 문제는 구조에 대한 대책을 요구한다

자료 분석 결과, 가설로 세웠던 것처럼 업무 중 산재 위험 요소에 노출된 경우, 그리고 이를 예방할 수 있는 자원에 대한 접근성이 불충분한 경우 모두 실제로 산재 발생이 많아지는 것으로 나타났다. 특히 산재 위험 요인에 노출되어 있으면서 '동시에' 산재 예방 자원이 불충분한 상황에 놓인 노동자에게서 산재 경험률이 높았다. 산재 예방을 위한 정책과 적절한 절차가 불충분할 때, 그리고 산재 예방을 위해 노동자가 적극적으로 목소리를 낼 수 없는 환경일 때, 실제로 산재 발생이 높게 나타났다. 연구팀은 동일한 산재 위험에 노출되더라도 노동자가 이를 적절하게 다룰 수 있는 자원이 없다면 산재에 더 취약해진다고 설명했다.

유해 요인: 당신은 얼마나 자주…

1) 하루에 최소 10회 이상, 20kg 이상의 물건들을 손으로 들어 올리거나 운반하거나 밀어야 합니까?
2) 근무 중 최소 3시간 이상 (포장, 정렬, 조립, 세척, 당기기, 밀기, 타이핑을 하느라) 손이나 손목의 반복적 동작을 해야 합니까?
3) 당신이 익숙하지 않은 작업을 수행하거나 작업 방법을 사용해야 합니까?
4) 화학물질, 인화성 액체나 기체 같은 유해한 물질을 다룹니까?
5) 구부리거나 비뚤어지거나 혹은 불편한 자세로 일해야 합니까?
6) 지상이나 바닥으로부터 2m 이상 높은 곳에서 일합니까?
7) 소음이 심해서 1m 이내의 사람에게 말을 할 때에도 목소리를 높여야 하는 곳에서 일합니까?
8) 작업 중 따돌림이나 괴롭힘을 당한 적이 있습니까?
9) 연속해서 두 시간 이상 서 있어야 합니까?

정책과 절차: 내가 일하는 곳에서…

1) 모든 사람이 일을 처음 시작하거나 일자리를 바꾸거나 혹은 새로운 기술을 사용할 때, 필요한 안전 보건 훈련을 받는다.
2) 노동자와 경영진 사이에 안전 이슈에 관한 정기적 의사소통이 있다.
3) 작업 중 유해 인자를 확인, 예방, 처리하는 시스템이 갖춰져 있다.
4) 작업장 안전 보건은 최소한 생산과 질만큼 중요하게 여겨진다.
5) 능동적이고 효과적인 안전 보건 위원회, 그리고/혹은 안전 보건 대표자가 있다.
6) 사건·사고가 발생한 경우 작업장 안전 보건을 개선하기 위해 빠르게 조사가 이루어진다.
7) 작업장 안전 보건 절차에 관한 의사소통은 내가 이해할 수 있는 방식으로 이루어진다.

인지: 내가 일하는 곳에서…

1) 작업장 안전 보건과 관련하여 나의 권리와 책임에 대해 분명히 알고 있다.

2) 작업장 안전 보건과 관련하여 내 고용주의 권리와 책임에 대해 분명히 알고 있다.

3) 내 작업을 안전한 방식으로 수행하는 방법을 알고 있다.

4) 내 작업장에서 안전 보건상의 유해 요인을 인지하게 되면, (작업장에서) 이를 누구에게 보고해야 하는지 알고 있다.

5) 나는 작업장에서 안전 보건 문제에 대응하는 데 도움이 되는 지식을 가지고 있다.

6) 나는 내 작업을 하는 동안 지켜야 할 필수적 예방 원칙이 무엇인지 알고 있다.

역량 강화: 내가 일하는 곳에서…

1) 작업장 안전 보건과 관련한 우려의 목소리를 내거나 제안을 하는 게 부담스럽지 않다.

2) 작업장 유해 요인을 발견한다면 그것을 경영진에게 지적해 줄 것이다.

3) 무언가 안전하지 않다고 생각되면 작업을 중단할 수 있고, 경영진이 그로 인해 나를 곤란하게 하지 않을 것임을 알고 있다.

4) 만일 내 작업 환경이 안전하지 못해도 나는 아무 말도 하지 않을 것이며 상황이 결국 좋아질 것이라고 기대하지 않을 것이다. (점수를 반대로 채점)

5) 나는 내 직무를 안전하게 완수할 수 있는 충분한 시간을 갖는다.

[표2] 작업장 안전 보건 취약성을 측정하기 위한 질문

연구팀은 동일한 자료를 분석하여 국제 학술지 《미국산업의학회지》에 발표하기도 했다.[5] 이 연구에서는 나이가 어리고, 비정규직이며, 사업장 규모가 작은 곳에서 일하는 노동자일수록 산재를 예방할 수 있는 자원에 대한 접근이 더 제한적이라는 것을 확인했다. 즉 노동시장에서 불안정한 조건에 놓인 노동자일수록 산재 예방 자원에 대한 접근이 제한적이고, 이러한 구조적 요인이 결과적으로 산재에 대한 이들의 취약성을 높인다는 것이다.

이 연구는 단순히 작업장 안전 수칙이 존재하는가, 노동자들이 안전 교육을 받았는가의 여부보다, 노동자들이 산재 예방을 위한 자원에 실제로 접근할 수 있는지, 자원을 활용할 수 있는지가 산재 예방에 더 중요함을 보여 준다. 그리고 이때 자원은 안전 수칙뿐 아니라 안전한 근무 환경을 위해 노동자가 행동하고 의사를 표현할 수 있는 '권리'로 적극적으로 보장되는 환경까지 포함한다.

이 연구의 결론은 한국 사회를 이해하는 데에도 그대로 적용할 수 있다. 중요한 것은 우리 사회에 만연한 하도급, 파견, 용역 등 간접 고용과 다양한 형태의 불안정 고용이 산재를 예방할 수 있는 자원에 대한 노동자의 권리를 심각하게 제한한다는 점이다. 1997년 외환위기 이후 근로자파견법이 제정되고 2004년 비정규직법이 시행되면서, 지난 20년 동안 한국은 '간접 고용 공화국'이라고 불릴 만큼 간접 고용이 급격히 늘었다. 간접 고용은 노동자에 대한 다양한 책임으로부터 회사를 자유롭게 한다. 산재가 발생해도 원청 기업의 책임을 묻기 어려운 상황에서 간접 고용은 확산되고 위험의 외주화는 고삐 풀린 경주마처럼 질주하고 있다. 고용주의 책임 소재가 구조적으로 불분명하니 노동자의 안전 문제는 뒷전일 수밖에 없다. 안전 문제를 지적했다가는 오히려 '까다롭다고 일이 끊기는' 상황이 벌어지기도 한다.[6]

고용노동부 산하 안전보건공단 누리집에 들어가 보면 업종별, 직종별, 계층별로 맞춤화된 안전 보건 교육 자료들이 일목요연하게 잘 정리되어 있다. 그러나 앞에서 살펴본 논문에 비추어 본다면, 아무리 교육 자료가 잘 만들어져 있다 한들 노동자들이 자신의 목소리를 낼 수 없고 자원과 제도를 제대로 활용할 수 없다면 이는 그저 '그림의 떡'일 뿐이다. 노동자를 산재에 취약하게 만드는 구조의 문제는 구조에 대한 대책을 요구한다.

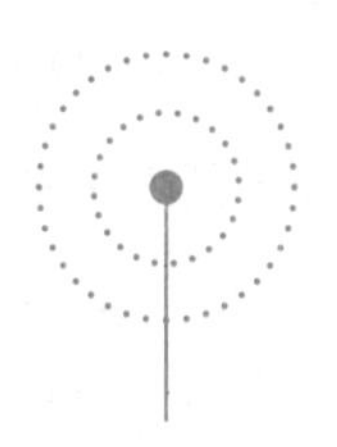

백수보다 해로운 직장 생활

나쁜 일자리라도 감지덕지하라고?

몇 년 동안의 조선업 침체로 거제시를 비롯한 남해안 일대에 '고용 위기'가 계속되고 있다. 2018년 1월 한국은행 발표에 의하면 부산 지역 실업률은 4.8%로 최근 7년 가운데 가장 높았다고 한다. 울산 지역 또한 실업률이 3.7%로 최근 7년 동안 두 번째로 높은 수치를 기록했다. 조선 · 해운업이 위축되는 가운데, 건설 현장에 취업하거나 음식숙박업 같은 자영업자로 전환하는 노동자도 늘어나고 있다.[1] 그나마 연초부터 신규 수주가 이어지면서 조심스러운 기대의 목소리가 조금씩 나오고 있는데, 이번에는 군산 지역이 패닉에 빠졌다. 지난해 현대중공업 군산조선소가 문을 닫은 데 이어 한국GM이 자동차 생산 기지를 철수하겠다고 발표했기 때문이다.

협력업체까지 합하면 약 1만 5천 명이 실직 위기에 처했다. 군산 공장의 900명을 포함하여 한국GM에서 일하던 2천 명 이상의 노동자들이 '희망퇴직'을 신청했다고 한다. 누구도 희망하던 일이 아니었을 텐데, '희망퇴직'이라니 기막힌 작명법이 아닐 수 없다. 정부는 조선업 위기 때 했던 것과 마찬가지로 '고용 위기 지역'을 선포하고, 퇴직 혹은 해고된 노동자들의 재취업을 돕기 위한 '희망센터'를 마련하는 등 지원 대책을 마련 중이다.[2] 그리고 역시 조선업에서와 마찬가지로, 수많은 하청/파견 노동자들은 '희망퇴직'의 기회조차 가져 보지 못한 채 조용히 지역에서 사라질 것이다. 실제로 한국GM은 폐업 절차를 진행하면서 가장 먼저 비정규직 200명에게 해고를 통보했다. 희망퇴직을 신청한 정규직과 달리 이들은 아무런 보상금이나 위로금을 받지 못한다.

이렇게 많은 노동자들이 한 지역에서 동시에 일자리를 잃는 경우, 일자리를 둘러싼 극심한 경쟁이 벌어지기 마련이다. 노동자들의 협상력도 약해질 수밖에 없다. 그러다 보니 예전 일자리보다 임금이나 근로 환경이 나쁘더라도 어쩔 수 없이 받아들이게 된다. 그래도 일자리가 없는 것보다는, 나쁜 일자리라도 일을 하는 게 낫지 않을까? 이것이 흔한 상식이다.

그러나 최근의 연구 결과는 반드시 그런 것은 아니라고 경고한다.

일자리 이행에 따른 만성 스트레스 반응

공중보건 분야의 권위 있는 국제 학술지《국제역학회지》2018년 신년호에 실린 영국 맨체스터 대학교 연구팀의 논문은[3], 나쁜 일자리로 재취업하는 것이 오히려 실업 상태로 남아 있는 것보다 건강에 더 해로울 수 있다고 지적한다.

연구팀은 '사회의 이해(Understanding Society): 영국 가구 추적 조사'라는 전국 규모의 조사 자료로부터 2009/2010년(1차년도)에 실업 상태인 35~75세 노동자 1,116명의 자료를 뽑아냈다. 그리고 신체적·정신적 건강 상태, 만성 질환 여부, 자가 평가 건강 수준은 물론 나이, 학력, 소득, 혼인 상태 등 일반적 특성을 파악했다. 1년 후인 2010/2011년(2차년도)에는 이들의 재취업 여부를 확인하고, 재취업한 일자리에 대해 임금, 안정성, 근로 환경이라는 세 가지 측면에서 '일자리의 질'을 평가했다. 마지막으로 2011/2012년(3차년도)에 다시 설문지를 이용하여 정신 건강과 신체 건강 수준을 확인하고, 혈액 검사와 상세한 신체 계측을 시행했다. 검사 항목에는 만성 스트레스에 대응하기 위해 우리 몸에 일어나는 생리적 변화를 나타내는 생체 지표들이 포함되었다. 구체적으로는 당화헤모글로빈, 중성지방, C-반응 단백질, DHEA-S(스트레스 호르몬 대사물), 크레아티닌 제거율(콩팥 기능 반영), 총콜레스테롤과 고밀도지단백 비율, 인슐린양 성장 요인, 피브리노겐(혈액응고 지표), 수축기 혈압, 이완기 혈압, 맥박 등 총 11가지를 측정했으며, 이를 종합하여 '이항상성 부하 지표(allostatic load index)'를 산출했다. 이 점수가 높다는 것, 즉 이항상성 부하가 크다는 것은 스트레스에 대응하기 위해 우리 몸의 대사/면역 체계가 과도한 노력을 하고 있다는 것을 의미한다.

어떤 생명체든 외부 스트레스 자극에 반응하고 항상성을 유지하는 것은 지극히 정상적인 생리 기전이다. 하지만 만성적이고 과도한 스트레스 대응에는 대가가 따른다. 이를테면 일시적인 스트레스로 혈압과 혈당이 높아졌다가 회복되는 것은 적절한 반응이지만, 만성적 스트레스 때문에 혈압과 혈당이 지속적으로 높아져 있으면 이는 고혈압이나 당뇨병, 대사증후군으로 이어질 수 있다. 그래서 이항상성 부하 점수는 향후 심장병이나 당뇨병 발병을 예측할 수 있는 지표로 널리 쓰인다. 말하자면 아직 증상은 없다 해도, 몸이 '골병' 들어 가고 있음을 나타낸다.

연구팀의 분석 결과, 우선 1차년도에 신체 건강 상태가 좋았던 사람일수록 2차년도에 재취업에 성공할 가능성이 높았다. 예상할 수 있듯 만성 질환에 걸려 있거나 나이가 많거나 학력 수준이 낮거나 경제적으로 어려운 조건에 처해 있는 사람들일수록 재취업 가능성이 낮았다.

한편 2차년도에도 계속 실업 상태인 이들에 비해, 양질의 일자리에 취업한 사람들의 스트레스 대응 부담은 유의하게 낮았다. 반대로 질 낮은 일자리에 재취업한 이들은 개별 생체 지표를 이용하든 이항상성 부하 총점을 이용하든 결과가 더 나쁜 것으로 나타났다. 건강 상태에 영향을 미칠 수 있는 여타의 요인들을 고려하여 통계적 예측 모형을 설정한 결과, 여전히 실업 상태에 있는 이들에 비해 질 낮은 일자리에 취업한 사람들의 이항상성 부하 위험은 1.5배나 높았다.[그림1]

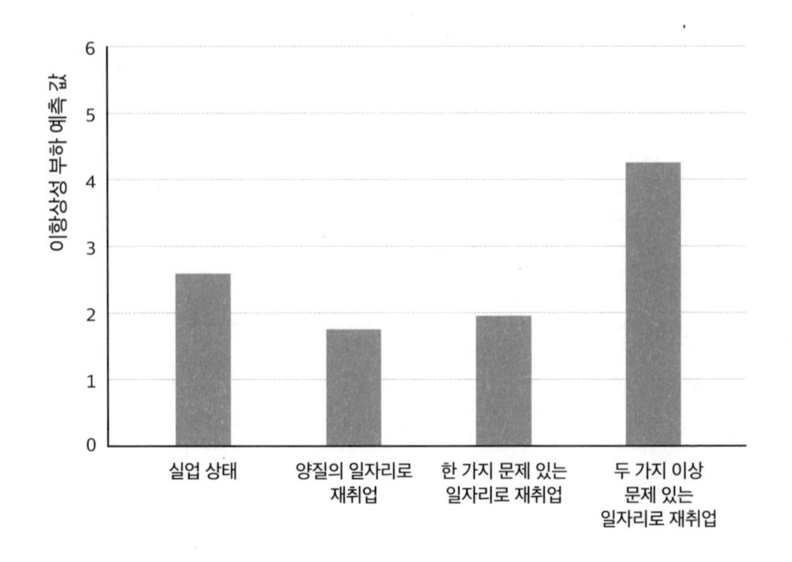

[그림1] 일자리 이행에 따른 이항상성 부하(만성 스트레스 반응)의 예측 값

이러한 결과는 원래 건강이 안 좋은 사람이 일자리 경쟁에서 밀려나 질 낮은 일자리로 재취업했기 때문에 나타난 현상이라고 볼 수 없었다. 왜냐하면 2차년도에 양질의 일자리에 재취업한 사람과 질 낮은 일자리에 재취업한 사람들을 비교했을 때, 1차년도에 건강상 차이는 없었기 때문이다.

실업 문제, 그 너머를 봐야 하는 까닭

이 연구 결과는 재취업만 된다면 일자리 질과 관계없이 건강에 도움이 될 것이라는 상식에 반한다. 게다가 이 연구의 장점은, 기존 연구들과 달리 설문 조사만으로 건강 상태를 평가한 것이 아니라 생체 지표를 직접 확인함으로써 주관적 인식에 의해 평가가 좌우될 가능성을 배제했다는 데 있다.

물론 한국 사회에 이러한 연구 결과를 그대로 적용할 수 있을지는 의문이다. 실업 그 자체가 주는 금전적, 심리적 어려움이 너무 큰 탓이다. 우리는 이미 쌍용차에서 해고된 노동자들이 잇따른 자살로 생을 마감한 것을 목격했고, GM에서도 이러한 비극이 재현될까 봐 우려하고 있다.[4] 상황이 이러하니 이런 연구 결과를 보고도 "아무 일자리나 덥석 받으면 안 돼요."라고 조언하기가 꺼려진다. 그러나 분명한 것은 불황의 책임을 노동자에게 전가하고 나쁜 일자리라도 감지덕지하라면서 노동자들을 궁지에 몰아넣는 것은 분명 좋은 정책이 아니라는 것이다. 불안정 고용과 낮은 질의 일자리는 우리가 생각하는 것 이상으로 노동자의 건강에 커다란 상흔을 남긴다.

사실 실업이 건강에 부정적 영향을 미친다는 점은 너무나 분명해서 한동안 연구자들의 관심을 끌지 못했다. 소위 '뻔한' 이야기였던 것이다. 그러나 1990년대 이후 이 문제는 새로운 도전을 받게 되었다. 분명히 취업자가 실업자보다 건강 상태가 좋아야 할 것 같은데, 막상 자료를 분석해 보면 별로 차이가 없는 경우들이 잇따라 발견된 것이다. 취업자이기는 하지만 실업자에 가까운 다양한 불안정 고용, 비정규직의 출현으로 인해 더 이상 실업 대 고용이라는 이분법이 들어맞지 않게 된 것이다.[5] 실제로 그동안 한국 노동자들을 대상으로 한 연구들은 일관되게 불안정 고용, 비정규직이 안정된 고용 및 정규직에 비해 건

강 수준이 나쁘다는 점을 보고해 왔다.[6]

현재 조선업 실직 노동자들의 재취업을 위한 조선업희망센터에서는 요리, 제과제빵, 미용, 바리스타 같은 서비스 자영업을 염두에 둔 교육이 비중 있게 제공되고 있다. 말이 좋아 창업이지, 전형적으로 프랜차이즈 본사와의 불공정 계약, 극심한 상권 경쟁, 장시간 노동에 시달리는 영세 자영업자를 양산하는 꼴이다. "좋은 일자리가 건강에 좋다는 말만큼이나 질 나쁜 일자리가 건강에 해로울 수 있음을 명심해야 한다"는 연구팀의 경고를 한국 사회가 귀담아들어야 한다. 정부와 기업이 나서서 나쁜 일자리라도 감지덕지하라며 노동자를 몰아붙일 것이 아니라, 괜찮은 일자리를 보전하고 마련하는 데 더 큰 노력을 기울여야 한다.

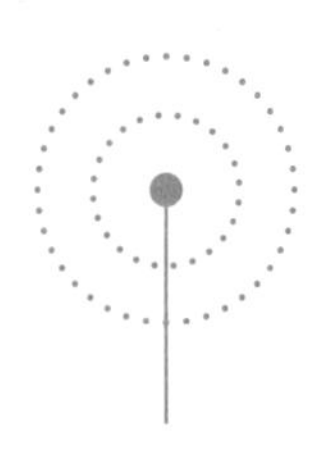

'경력 단절 여성'이 위험하다

여성의 경력 단절이
건강에 미치는 영향

전 세계적으로 여성의 교육 수준이 향상되면서 여성 고용률 역시 높아지고 있다. 가정 안에만 머물러 있던 전통적인 여성의 역할에서 벗어나 노동시장에 적극적으로 참여하게 된 이러한 변화를 덴마크의 사회학자 요스타 에스핑 안데르센(Esping-Andersen G)은 '여성 역할의 혁명'으로 표현했다.[1]

한국에서도 여성의 학력 신장은 매우 빠른 속도로 이루어졌다. 불과 1995년만 해도 여성의 대학 진학률은 채 50%에 못 미쳤지만 2010

년에는 80%를 넘겼을 뿐 아니라 남성의 대학 진학률을 추월했으니 말이다. 그러나 여성의 전반적 교육 수준과 고용률 상승만을 보고 한국에서도 '여성 역할의 혁명'이 성공적으로 이루어졌다고 결론 내리는 것은 섣부른 판단이다.

결혼, 출산, 육아에 따른 '모성 페널티'

정규 교육을 마치고 남성과 마찬가지로 급속히 상승하던 여성의 노동시장 참가율은 결혼과 출산 이후 급격하게 떨어진다. 그 유명한 'M자 곡선'의 출현이다.[그림2]

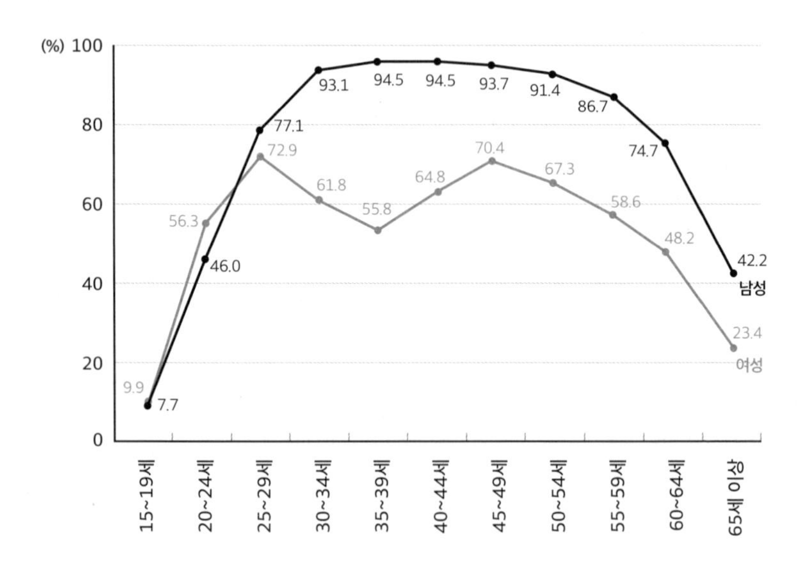

[그림2] 연령에 따른 남녀의 경제활동 참여율(2015년 인구센서스 자료 이용)

한국 여성들만 출산과 육아를 경험하는 것은 아님에도, M자 곡선은 한국 사회의 두드러진 특징이다. 최소한 OECD 회원국의 경우, 여성의 경제활동 참여율은 지난 50년간 전 연령에서 꾸준히 상승했으며, 한국에서처럼 연령에 따른 M자형 곡선은 찾아볼 수 없다.

한국 사회에서 평등한 성 역할에 대한 인식을 바탕으로 여성이 일과 가정 모두를 지속적으로 양립할 수 있는 경우는 고학력, 고소득 부부에 한정되는 경우가 많다. 저학력이거나 저임금 일자리에 종사하는 기혼 여성들은 일을 하더라도 스스로 자신을 가정의 부수적 소득원으로 여기는 경향이 있고, 가정 내 불평등한 성별 분업을 별 저항 없이 받아들이는 경우가 많다. 즉, 여성 역할의 혁명은 아직 일부 여성에게만 나타나고 있으며 오히려 여성 내 불평등을 증가시키는 데 기여하고 있다.

한국의 경우 경력 단절 여성의 수가 지속적으로 증가하고 있고 그중에서 대졸 이상 여성의 비율도 함께 증가하고 있다. 또 연령별로 보면 주로 결혼과 첫출산 및 양육이 시작되는 시기인 30~39세 사이 여성의 경력 단절 비율이 가장 높았으며, 이후 연령에서는 고용률이 다시 증가하는 양상을 보였다.[그림3] 이는 여성들의 학력이 높아져도 그 여성들이 노동시장에 안정적으로 머물러 있기는 어렵다는 것을 드러낸다. 이와 함께 여전히 많은 한국 여성들이 결혼, 출산, 육아에 따른 모성 페널티를 고스란히 감수하고 있음을 보여 준다.

그렇다면 이러한 경력 단절이 여성의 건강에는 어떠한 영향을 미칠까? 일을 쉬니까 건강 상태가 더 좋아지지 않을까? 미국 아크론 대

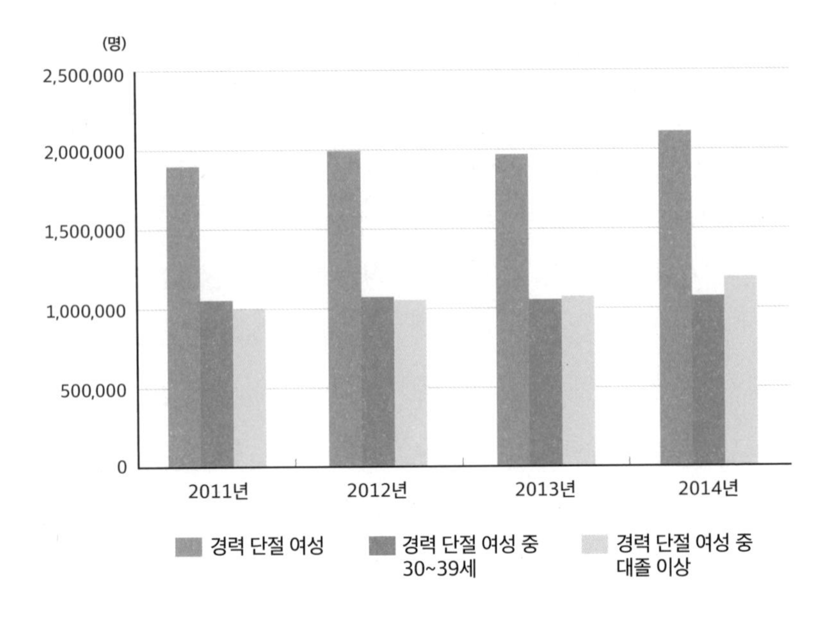

[그림3] 경력 단절 여성 현황. 통계청 '지역별 고용 조사' 자료를 바탕으로 재구성

학의 에이드리언 프렌치(Fench A) 교수 연구팀은 2014년 국제 학술지 《건강과 사회적 행태 저널》에 발표한 논문에서 그 답을 찾고자 했다.[2] 연구팀은 1979~1998년 사이 출산을 한 기혼 여성 2,540명을 대상으로, 출산 후 여성이 경험한 직업 경로가 그들의 건강에 어떠한 영향을 미치는지 생애 과정 관점에서 분석했다.

연구팀은 출산 후 12년 동안 경험한 직업 경로에 따라, 참여 여성들을 '지속적인 전일제 근무'(30.8%), '출산 이후 시간제 근무'(44.2%), '적어도 세 번 이상의 실업 경험'(14.1%), '지속적인 전업주부'(10.9%)의 네 집단으로 구분했다. 그리고 40세가 되었을 때 이들 사이에 신체적, 정

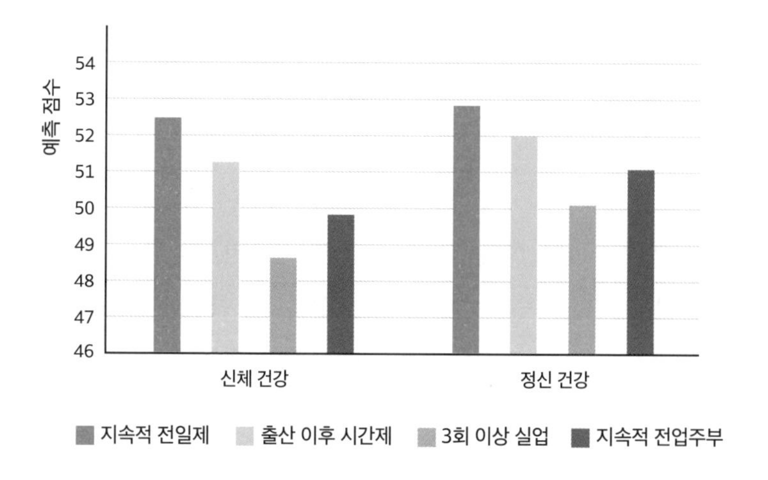

[그림4] 다른 변수들을 모두 보정한 상태에서 여성의 직업 경로에 따른 40세의 신체적·정신적 건강 상태 예측 값

신적 건강 상태가 어떻게 다른지 비교하였다.

분석 결과, 지속적인 전일제 근무를 한 여성들에 비해 시간제 근무와 실업을 경험한 여성들의 신체 건강이 더 나쁜 것으로 나타났다. 정신 건강 측면에서도 실업을 경험한 집단이 전일제를 유지한 집단보다 나쁜 건강 상태를 보였다. 이러한 결과는 인종과 교육 수준, 결혼 상태 등 여타 조건을 고려한 상태에서도 그대로 유지되었다.[그림4]

전체 연구 대상자의 절반 이상(58.3%)이 출산 후 아이가 12살이 될 때까지 시간제 근무를 하거나 실업을 경험했다는 점을 고려하면 이러한 연구 결과의 사회적 함의는 상당히 크다. 흔히 전일제로 일하면 일-가정 양립이 어렵기 때문에, 파트타임 혹은 시간제 일자리가 '여성 친화적' 일자리로 여겨지는 상황에서는 더욱 그렇다.

일하는 엄마가 건강하다

그렇다면 여성이 아이를 낳더라도 전일제 일자리에 남아 있을 수 있게 하는 요인은 무엇일까? 한 가지는 일자리의 안정성이다. 여성의 일자리가 정규직이며 일하는 시간이 정해져 있고 출산 휴가나 육아 휴직과 같은 일-가정 양립 지원 제도를 적극적으로 활용할 수 있는 직장이라면, 경력 단절보다는 일자리를 지속할 가능성이 크다. 한국 사회에서 대기업이나 공무원을 생각하면 된다. 그리고 다른 하나는 일하는 동안 아이를 돌봐 줄 수 있는 사람 혹은 시설이 존재하는지의 여부이다. 이도 저도 불가능할 경우 지금까지의 경력을 포기하며 육아를 전담하거나, 아니면 과감하게 출산을 포기하는 선택을 하게 된다. 이것이 바로 OECD 회원국들과 달리 한국에서만 유독 여성 취업률이 M자 곡선을 그리고, 여성 취업률과 출산율이 나란히 OECD 최저를 달리는 이유이다.

일하는 여성이 많아졌고 일하는 엄마도 늘어났지만 이들의 상당수가 경력 단절을 경험한다. 경력 단절 이후에 다시 일을 찾더라도 이전보다 더 열악한 조건의 일자리를 갖게 되기 쉬우며 그마저도 불안정한 일자리이다. 여성 노동자 중 비정규직이 차지하는 비율은 20대 후반에서 최저점을 찍은 후 지속적으로 상승하며, 40세 이후에는 절반 이상이 비정규직으로 일한다.[그림5] 경력 단절 없이 안정적인 일자리에서

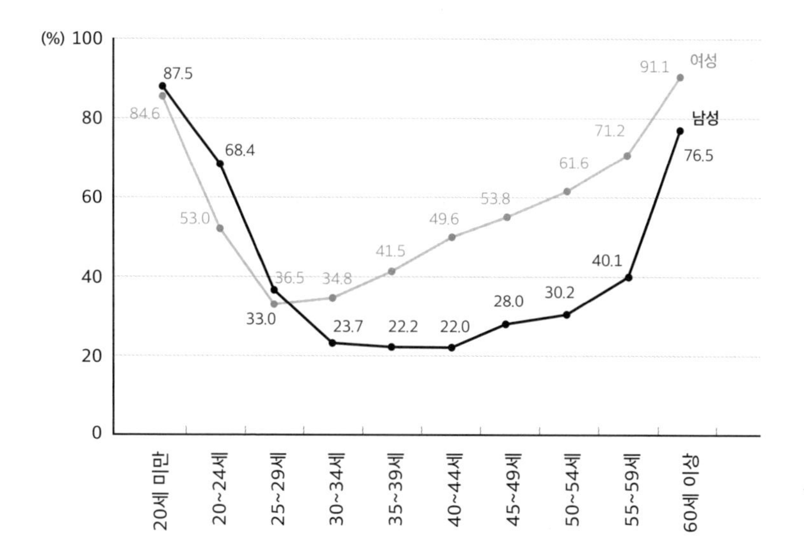

[그림5] 남녀 임금 노동자 중 연령에 따른 비정규직 비율 (출처: 한국노동사회연구소, KLSI issue paper 비정규직 규모와 실태 - 2016년 3월 「경제활동인구조사」 부가 조사 결과)

지속적으로 일하는 엄마가 불안정한 일자리를 갖는 엄마보다 더 건강하다는 연구 결과를 볼 때, 일하는 엄마의 건강을 향상, 지속시키기 위해서 필요한 것은 '여성 친화적 일자리'가 아니라 '성별과 생애 과업에 따른 차별이 없는 안정적인 일자리'이다.

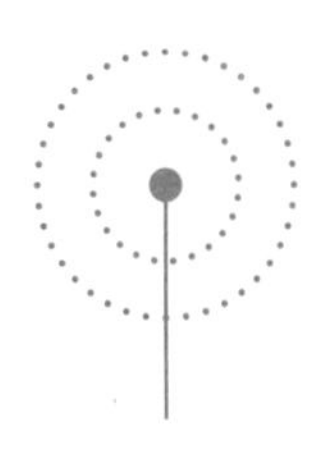

시간 유리 천장에 갇힌 사람들

슈퍼우먼이 되거나, 2등 시민으로 남거나

부모가 건물이라도 한 채 물려주지 않는 이상, 대부분의 이들에게 일은 먹고살기 위한 중요한 방편이다. 그러나 이는 스토리의 일면이다. 사람들은 일 때문에 괴로워하면서도, 또 일을 통해 보람과 즐거움을 얻고 타인들과 관계를 맺는다. 너무 오래, 많은 일을 하는 것도 힘들고, 너무 적게 일을 하는 것, 일자리가 없는 것도 괴롭다. 그래서 일을 할 수 있도록 보호하는 법도 있고, 너무 오래 일을 하지 못하도록 제한하는 법도 있다. 이렇게 일은 우리 삶의 질과 건강에 중요한 영향을 미치며, 그 영향은 사회적 조건에 따라 정반대로 달라질 수 있다.

2017년 국제 학술지《사회과학과 의학》에 호주 국립대학 경제학과 훵 딘(Dinh H) 교수 연구팀이 발표한 논문은 일과 건강, 특히 노동 시간이 건강에 끼치는 영향이 성별에 따라 어떻게 다른지를 다루고 있다.[1] 이 연구는 전통적인 주당 최대 48시간 근로 허용 기준이 오늘날에도 적합한 것인지에 대한 의문에서 출발했다. 세계노동기구가 이 기준을 정한 것이 1930년이다. 당시는 남성의 전일제 유급 노동과 여성의 가정 내 돌봄 노동이 완전히 분리되어 있던 시절이었다. 이후 상황은 많이 달라졌지만, 여전히 많은 국가들에서 노동자의 건강과 안전을 보호하기 위한 근로 시간 제한 기준으로 이를 채택하고 있다.

이 연구가 이루어진 호주만 해도, 1947년에는 성인 여성들 중 1/5만이 고용되어 있었지만, 현재는 대부분의 산업 국가들처럼 그 비중이 2/3에 이른다. 여성의 노동시장 참여가 활발해졌다 해도, 여전히 노동 시간은 남성에게서 더욱 길다. OECD 18개국의 남녀 노동 시간 차이는 주당 10시간에 이른다. 이는 대개 남성들이 자녀 양육이나 가사 노동에 덜 참여하기 때문에 가능한 것이기도 하고, 반대로 노동 시간이 길기 때문에 가사 노동에 참여하기 어려운 것일 수도 있다.

그렇다면 여성들은 어떠한가? 남성에 비해 노동 시간이 짧으니 좋아해야 할까? 그렇지 않다. 짧은 노동 시간은 노동시장 내에서 불리한 처지를 반영하는 지표이다. 장시간 근무는 대개 숙련직, 보수가 높은 '좋은 일자리'와 관련이 있다. 반면 여성, 저숙련 노동자들은 대개 저임금, 노동 시간이 짧은(파트타임) 일자리에 근무한다. 여성 노동자들은 돌봄과 가사 노동이라는 제약을 안은 채로 노동시장에서 경쟁하기 마련이다. 연구팀은 이러한 상황을 표현하기 위해 기존의 '유리 천장' 개념을 응용하여 '시간 유리 천장'이라는 용어를 사용했다.

성별에 따른 노동 시간과 정신 건강의 상호 작용

지난 2세기 동안 대부분의 산업 국가들에서 노동 시간은 꾸준히 감소해 왔다. 하지만 최근 미국, 호주 등에서 상황이 역전되고 있는데, 이는 노동 시간의 양극화와 관련 있다. 예컨대 호주의 경우 1978년에 주당 50시간 이상 일하는 노동자가 전체의 13%였던 반면 2000년에는 그 비중이 오히려 19%로 늘었다. 반대로 불안정 고용이나 적은 시간 일하는 노동자 비율도 1978년 15%에서 2004년 29%로 늘어났다. 지나치게 길게 일하는 것도, 또 너무 적게 일하는 것도 건강에 부정적인 영향을 미칠 수 있다. 일종의 역치(threshold)가 존재하는 셈이다. 연구팀은 일자리 안팎에 존재하는 불평등이 노동 시간-건강 관계 역치에 성별 차이를 가져올 것이라고 가정하고 이를 입증하고자 했다.

연구팀은 호주 인구를 대표하는 서베이 자료(Household, Income and Labour Dynamics in Australia, HILDA)를 이용하여 24~64세의 취업 남성 3,828명, 여성 4,062명을 2005년~2011년 동안 추적 관찰했다. 이 조사는 타당성이 입증된 SF36이라는 설문 도구를 사용하여 매년 정신 건강 수준을 측정했고, 노동 시간과 임금도 자세하게 평가했다. 또한 정신 건강과 노동 시간, 임금 수준에 영향을 미칠 수 있는 여타 요인들을 고려하기 위해 가사 노동/돌봄 시간, 가구 소득, 경제적 곤란 여부, 결혼 상태, 어린 자녀 여부, 배우자의 근로 활동 여부, 유연성(근무 시간이나 휴식을 스스로 정할 수 있는 정도), 휴식, 노동 강도, 비표준적 근로 시간, 고용 형태, 직업, 경력, 흡연, 음주, 신체 활동, 만성적 건강 상태, 주거 지역 등도 함께 조사했다. 통계 분석 과정에서는 연구 가설의 반대 가능성, 즉 건강한 사람일수록 장시간 일할 수 있고 소득도 높을 수 있다는 점을 고려하기 위해, 시차를 반영한 분석을 시행했다.

기초 분석 결과, 남녀의 직업 경력은 비슷했지만 남성이 대체로 여성에 비해 노동 시간이 길고 임금 수준과 유연성은 높고 노동 강도는 낮았다. 또한 소득 수준이 더 높고 불안정 고용의 가능성도 더 낮았다. 반면 여성은 돌봄과 가사 노동에 더 많은 시간을 썼으며 재정적 곤란과 부정적 정신 건강, 만성적 건강 문제를 보고하는 경우가 더 흔했다.

모든 변수들을 포함시켜 전체 표본을 분석한 결과, 노동 시간과 정신 건강 사이에는 완만하고 볼록한 포물선 관계가 나타났다. 정신 건강은 노동 시간이 늘어날수록 점점 좋아지다가 39시간이 넘어가면 악화되었다.[그림6] 이는 주당 48시간이라는 현행 허용 기준보다 9시간이나 짧은 것이다. 연구팀은 이를 다시 가사 노동/돌봄 시간의 많고 적음에 따라 구분해서 재분석했다. 그러자 가사 노동/돌봄 시간이 많은 경우(주당 28시간 이상), 정신 건강이 악화되기 시작하는 역치는 34.5시간으로 더욱 짧아졌다.[그림7] 반면 가사 노동/돌봄 부담이 적은 집단에서는 주당 노동 시간이 45.5시간이 될 때까지 정신 건강 상태가 계속 좋아졌다.[그림8] 이는 현재의 노동 시간 허용 기준이 노동자의 정신 건강을 보호하기에 미흡하며, 특히나 가사 노동/돌봄의 부담이 큰 이들에게는 터무니없이 높다는 것을 의미한다.

남녀를 따로 분석한 결과는 또 다른 문제점을 보여 준다. 남성의 경우 정신 건강이 나빠지기 시작하는 지점이 46.7시간인데 비해, 여성은

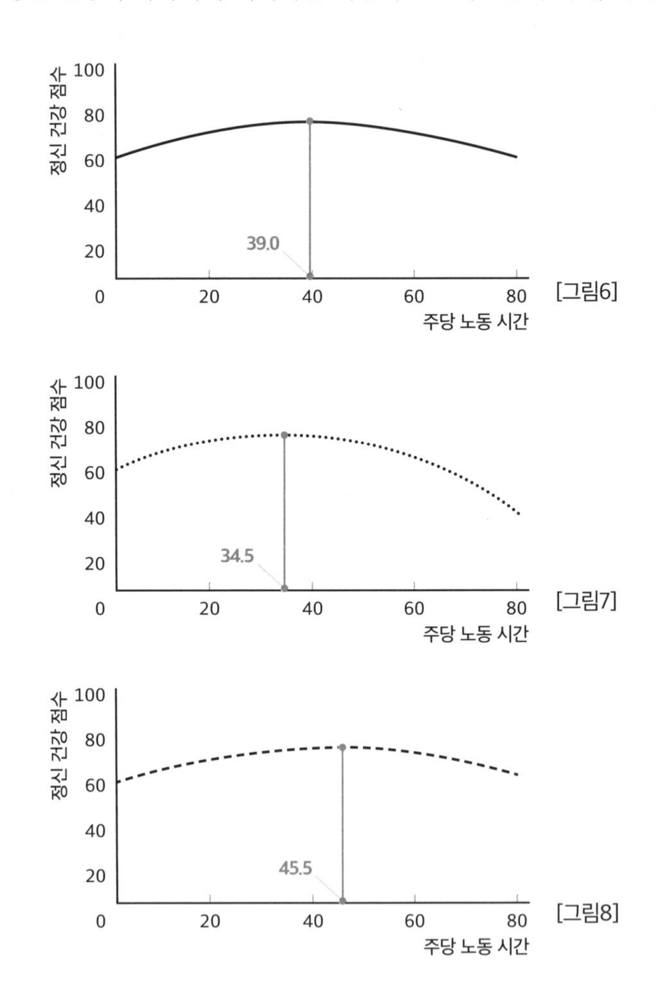

34.1시간에 불과했다.[그림9] 가사 노동/돌봄 부담이 큰 경우라면, 여성은 31.3시간, 남성은 42.3시간에서 정신 건강 악화가 시작되었다.[그림10] 반면 가사 노동/돌봄 부담이 적은 집단에서는 여성의 경우 40.6시간, 남성은 무려 49.6시간이 지나서야 악화가 시작되었다.[그림11]

성별과 노동 시간의 상호작용을 고려한 모형도 주목할 만하다. 다

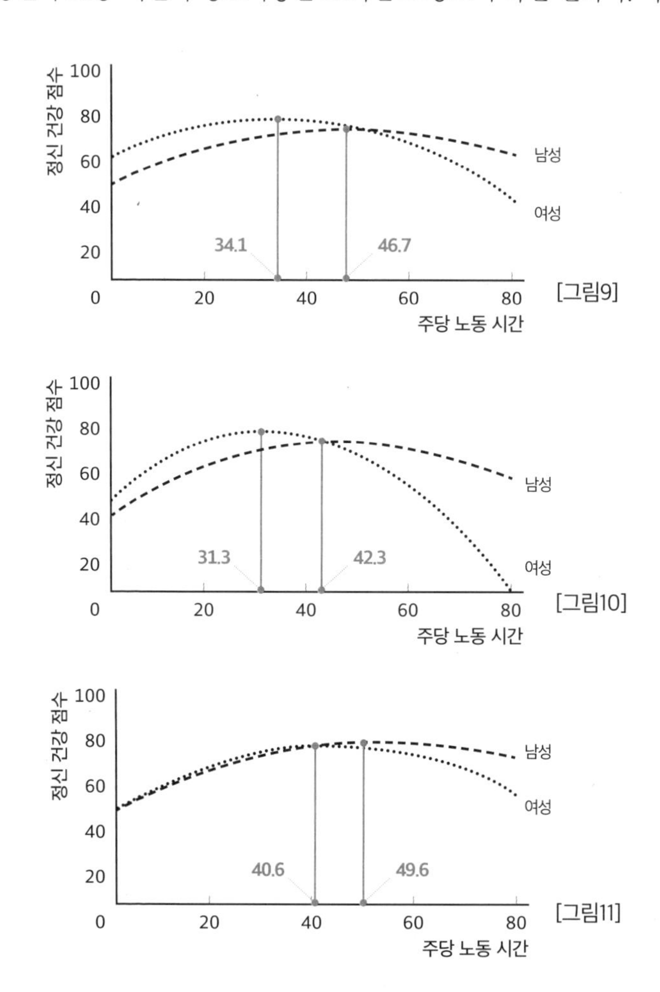

른 모든 조건이 동일하다고 했을 때, 가사 노동/돌봄의 부담이 적은 경우, 남성은 47.2시간, 여성은 44.7시간이 지나서야 정신 건강이 악화되기 시작했다. 이 경우에는 악화의 기울기도 매우 완만하고 정신 건강 수준의 남녀 간 차이도 거의 없었다.[그림12] 이 결과만을 놓고 본다면 현재의 노동 시간 상한선 기준인 48시간이면 충분히 노동자 건강을 보호할 수 있는 셈이다.

문제는 이러한 통계적 가정이 현실에서는 거의 실현 불가능하며, 노동인구를 대표하지도 못한다는 점이다. 남성과 여성의 노동시장 조건이 동일하지도 않고, 또 가사 노동/돌봄의 부담이 이렇게 적으면서 공평하지도 않기 때문이다. 연구팀은 현재의 노동 시간 규제가 여성의 건강, 혹은 남녀를 불문하고 상당한 정도의 가사 노동/돌봄을 수행하는 성인 노동자들의 건강을 보호하기에는 매우 불충분하다고 지적했다.

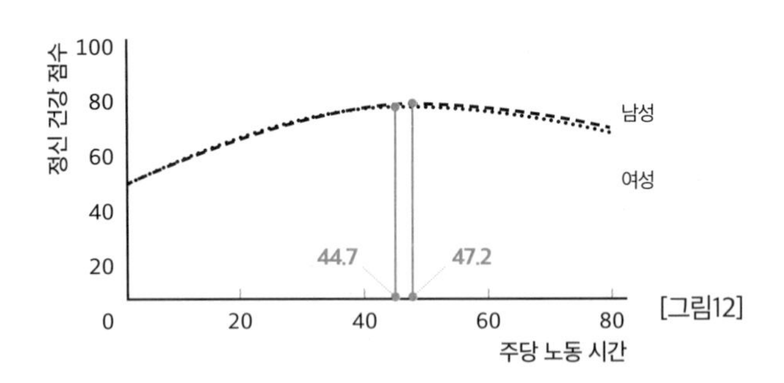

[그림12]

건강 불평등과 노동 불평등 사이에서

연구팀의 분석 결과는 현재의 시스템 안에서 여성 앞에 두 가지 선택지가 있음을 보여 준다. 장시간 노동을 하며 남성과 동일한 임금을 벌고 정신 건강을 해치거나, 아니면 남성보다 적게 일하고 노동시장 성별 불평등에 빠져들거나!

이 연구가 시행된 호주와 달리, 한국의 노동 시간 최대 허용 기준은 주당 52시간이다. 그나마 이것도 2016년에야 확립되어 2018년 7월부터 시행에 들어갔다. 여성 노동자들이 처한 상황은 더욱 심란하다. 한국의 여성들은 '여성 친화적' 일자리를 통해 노동시장의 영원한 2등 시민으로 남거나, 회사 일과 가사 노동의 이중 부담으로 골병든 슈퍼우먼이 되는 것 중 하나를 선택해야 한다. 행여나 '과도한' 노동시장 스펙을 쌓거나 결혼/출산 지연으로 이중 부담을 회피하려 했다가는 저출산 문제의 주범으로 몰려 범국가적 비난까지 받는 것이 현실이다. 그러나 여성 건강을 보호하기 위해 여성만 선별적으로 노동 시간을 줄이는 것, 또는 노동시장 불평등을 극복하기 위해 여성의 건강을 해치는 것, 꼭 이 두 가지 선택지 중에 골라야만 하는 것은 아니다. 전반적인 노동 시간을 줄이는 것, 가사 노동/돌봄의 역할을 남녀 모두의 것으로 인정하고 평등하게 부담을 나누며 사회적 보호 장치를 마련하는 전략은 이미 여러 나라에서 시도되고 있다. 대표적으로 스웨덴은 최근 1일 6시간 근무제를 시험했고, 그 과정에서 여기에 참여한 노동자들의 병으로 인한 결근이 절반으로 감소하고 건강과 업무 효율이 향상된 것을 확인했다.[2] 또한 2013년 스웨덴 통계에 의하면, 전체 유급 부모 휴가 중 남성이 차지하는 비중도 거의 25%에 도달했고, 최근 유급 휴가도 60일에서 90일로 늘어났다.[3]

가사 노동/돌봄에 종사하는 이들의 '시간 유리 천장' 문제가 다루어지지 않는다면, 건강 불평등과 노동 불평등 사이의 굴레에서 여성들이 빠져나올 수 없다는 호주의 연구 결과를 한국 사회도 심각하게 받아들여야 한다. 이대로는 건강한 가족이 더 이상 지속할 수 없기 때문이다.

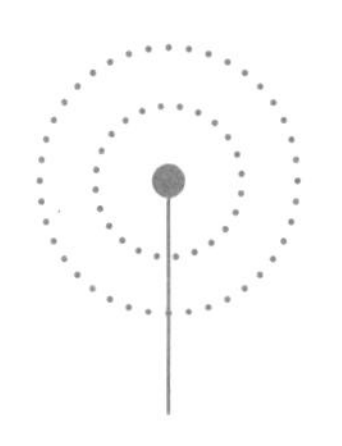

소녀들의 몸과 마음을 갉아먹는 성적 괴롭힘

대한민국에서
여학생으로 산다는 일에 관하여

우리 사회에서 청소년들이 존재감을 드러내는 경우는 많지 않다. 언론에 보도되는 사례들은 콩쿠르나 올림피아드 같은 유수의 국제대회에서 뛰어난 실력으로 입상하는 모습, 가족 관계나 경제적 측면에서 버거운 삶의 무게를 감당하고 있는 안타까운 모습, 그도 아니면 어른도 고개를 돌릴 만큼 끔찍한 범죄 사건에 연루된 경우 중 하나이기 마련이다. 이러한 극단적 사례들 사이에서 일상의 권리를 주장하는 청소년의 목소리는 '철모르는 애들의 불온한 짓'으로 폄하되고는 한다.

그런 점에서 최근 연이은 여학생들의 폭로에 의해 교사들의 성적 괴롭힘 실태가 세상에 알려진 것은 주목할 만하다. 예컨대 전북 부안에서는 20년 넘게 체육 교사로 근무했던 남성의 상습적 성추행과 폭력 사실을 여학생들이 폭로하면서, 졸업생들의 제보가 줄을 이었다.[1] 경기도 여주의 한 고등학교에서는 교사 두 명에 의한 성추행 피해 학생이 50명이 넘는 것으로 파악되었다.[2] "짝짓기 시즌이니 운동을 해서 가치를 높여라"라고 한 부산의 한 여고 교사의 발언은 차라리 애교로 보일 지경이다.[3] 이렇게 불붙기 시작한 여학생들의 폭로는 지금까지도 전국 각지에서 이어지고 있다. 이들 사건의 공통점은 교사가 우월한 지위를 이용해서 여학생들의 성적 수치심을 유발하며 악질적 방식으로 통제해 왔다는 점이다. 사건 발생 '이후'도 심각하다.

경찰은 트라우마에 시달리다가 겨우 용기를 내서 문제를 제기하고 공론화시킨 학생들의 명단을 학교에 제공했고, 학교장은 '조용히 끝날 일'이라며 문제를 은폐하려 했다. 어이없지만, 가해 교사와 교장이 태연히 웃으며 서로 걱정하지 말라고 대화를 나누는 순간이 교내 스피커로 고스란히 전달되는 사건도 있었다.[4] 요즘 말로 '인류애를 잃게' 만드는 대응이 아닐 수 없다.

성적 괴롭힘이 일으키는 월경 장애

당시에는 그것이 성적 괴롭힘이나 성추행인지조차 몰랐지만, 여학생들에게 추근거리고 불필요한 신체 접촉을 일삼던 남성 교사에 대한 기억은 대한민국 성인 여성이라면 누구나 가지고 있을 것이다. 그래서 이런 뉴스를 접하게 되면 '그 좋아졌다는 세상은 대체 어디에 있느냐'고 되묻게 된다. 중고등학교를 졸업한 지 한참이 지났음에도 그때의 기억이 선명한 것을 보면, 요사이 이어지는 성추행 폭로에 대해 새삼 걱정이 든다. 이렇게 성적 괴롭힘을 당한 소녀들의 후유증은 그저 기분 나쁘고 불쾌한 감정에서 그치는 것일까? 청소년기 성적 괴롭힘 피해 경험이 정신 건강, 섭식 장애, 심리적 손상, 비만 등과 관련 있다는 해외 연구들이 있다. 국내에서도 직장 내 성적 괴롭힘이 여성 노동자들의 분노, 수치심, 두려움, 우울증 같은 정서 반응은 물론, 수면 장애, 두통, 체중 감소, 폭식 같은 신체 반응과 근로 의욕 저하, 자신감 저하, 대인 기피 같은 인지 변화를 유발한다는 보고가 있었다.

이탈리아 트리에스테 대학 로미토(Romito) 교수팀이 《스칸디나비아 공중보건 학회지》 2017년 5월호에 발표한 논문은[5] 여기에 더해 성적 괴롭힘이 월경 장애로 이어질 수도 있다고 지적한다.

연구팀은 이 문제를 확인하기 위해 여자 대학생 349명을 대상으로 자기 기입식 설문 조사를 시행했다. 설문 내용에는 성적 괴롭힘에 노출된 정도와 함께, 다섯 가지의 월경 장애 관련 증상들, 즉 월경 전 증후군, 심한 출혈, 통증, 불규칙한 월경 주기, 무월경 경험 여부가 포함되었다.

성적 괴롭힘은 성적 강압(sexual coercion), 젠더 괴롭힘(gender harrassment), 사이버 괴롭힘(cyber harassment)의 세 가지 영역으로 구분했다. 성적 강압에는 지속적인 성적 요구, 원치 않는 신체 접촉, 성적인 공갈과 협박 경험이, 젠더 괴롭힘에는 외모에 대한 부적절한 언급, 요청하지 않은 포르노물에의 노출, 여성에 대한 공격적 발언의 경험 여부가 포함되었다. 사이버 괴롭힘은 온라인 방식을 이용한 협박, 모욕, 당사자에 대한 사적인 루머, 원치 않는 성적 사진, 성적인 요구, 다른 충격적인 메시지 수신 등을 포함했다. 각 질문에 대해서 지난 1년간 해당 경험의 빈도를 '0(없었다), 1(1-2회), 2(3회 이상)'의 3가지 척도로 답변하도록 했다. 이를 종합하여 성적 괴롭힘 지수(sexual harassment index)를 만들었는데, 위의 세 가지 영역 중 해당하는 것이 하나도 없으면 '수준 0', 세 영역 중에 하나가 해당될 경우 '수준 1', 세 영역 중 둘 이상에 해당될 경우 '수준 2'로 정했다.

분석 결과, 조사에 참여한 여자 대학생의 41.8%(146명)가 지난 1년 동안 성적 괴롭힘을 경험한 적이 있는 것으로 나타났다. 이들이 경험한 성적 괴롭힘의 정도는 '수준 1'이 26.1%(91명), '수준 2'는 15.7%(55명)였다. 또한 연구 참여자들의 월경 장애 증상을 살펴보면, 월경 전 증후군을 경험한 경우가 31.9%, 심한 출혈 35.3%, 심한 통증 51.4%, 불규칙한 월경 주기 55.5%, 무월경 6.7% 등으로 나타났다.

무월경을 제외한 모든 월경 장애는 성적 강압과 젠더 괴롭힘을 경험한 여성에서 많이 발생했고, 사이버 괴롭힘은 월경 전 증후군, 불규칙한 월경 주기 증상과 관련 있었다. 참여자의 연령, 출생지, 커플 관계, 호르몬 치료 여부, 고용 상태, 어머니의 교육 수준 등 사회인구학적 변수를 통제한 후에도, 무월경을 제외한 월경 장애의 빈도는 성적 괴롭힘 노출 수준이 높아질수록 체계적으로 증가했다. 이를테면 월경 전 증후군의 빈도는, 성적 괴롭힘을 전혀 경험하지 않은 여학생에 비해 성적 괴롭힘 노출 정도가 '수준 1'이었던 여학생들은 2.1배, '수준 2'인 여학생들은 3.6배 많았다.

성적 괴롭힘이라는 스트레스가 월경 장애에 어떻게 영향을 주는지는 아직 명확하지 않다. 연구팀은 스트레스가 월경 주기와 관련된 신경전달물질에 영향을 주었을 가능성, 스트레스가 월경 장애를 민감하게 인식하게 만들었을 가능성을 제기했다.

어쨌든 주목할 것은, 젠더 폭력 대책의 주요 관심사인 파트너 폭력이나 성폭력과 비교할 때 상대적으로 덜 심각해 보이는 성적 괴롭힘 또한 여성의 건강에 악영향을 미치고 있다는 점이다. 월경 장애는 심각한 중증 질환은 아니지만 여성들의 학업과 업무는 물론, 전반적인 삶의 질에 나쁜 영향을 미친다. 약물치료나 외과적 처치 등의 비용 부담도 존재한다.

교사의 성적 괴롭힘은 명백한 젠더 폭력

한 가지 주목할 것은, 학교 혹은 청소년 시기의 성적 괴롭힘에 대한 해외 연구 논문들의 절대다수가 또래들에 의한 문제를 다루고 있다는 점이다. 한국 사례처럼 교사들에 의해 자행되는 성적 괴롭힘을 다룬 연구 논문은 한 편도 찾을 수 없었다. 세계적으로도 이는 흔한 사례가 아닌 데다, 아마도 '연구'를 해야 할 주제가 아니라 '형사 범죄' 문제이기 때문일 것이다.

학교는 어린이와 청소년들에게 안전을 보장해야 하는 곳이다. 이미 소녀들은 지하철에서, 거리에서, TV에서, 인터넷에서, 무수한 성적 괴롭힘과 혐오 발언에 노출되고 있다. 성적 괴롭힘, 입시 스트레스, 외모 스트레스를 견뎌 내고 맞이한 생리 주기에는 휘발성 유기화합물로 오염된 생리대가 기다리고 있다. 대한민국에서 소녀로, 여학생으로 산다는 것은 일종의 극한 직업 체험인 셈이다.

일부(라고 믿고 싶다) 학교에서 벌어지는 교사들에 의한 성적 괴롭힘은 여성성에 대한 젠더 역할 기대, 여성에 대한 차별과 편견, 연령과 교사-학생이라는 권력 관계를 통해 강화된 명백한 젠더 폭력이다. 가해 교사와 책임자에 대한 적극적 처벌은 당연하며, 이미 법에서 정한 대로, '피해 학생에 대한 상담, 전문 기관과의 연계, 의료 시설 안내 등 적극적인 조치'를 하는 것이 필요하다. 더불어 이러한 피해 경험이 여학생들의 정신 건강과 신체 건강에 어떤 부정적 영향을 미치는지에 대해서도 관심을 두어야 한다. 무엇보다, 이 문제를 제기한 용감한 소녀들을 보호하고, 소녀들이 더 큰 목소리를 내서 세상을 바꿀 수 있도록 격려하고 함께하는 것이야말로 세상을 이 지경으로 만든 어른들이 담당해야 할 몫이다.

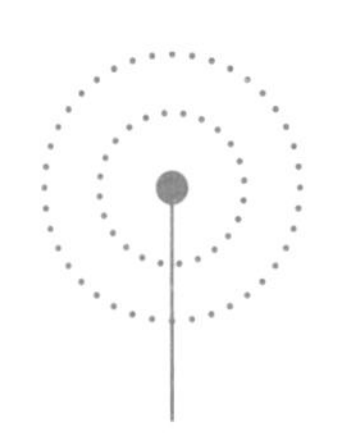

지역 간 건강 불평등의 뿌리

건강의 사회적, 정치적,
경제적 결정요인

소득 계층 간에, 인종 간에, 지역 간에 건강 불평등이 존재한다는 것을 처음 확인했을 때, 사람들은 그 원인을 술, 담배, 건강하지 못한 식생활 등 개인의 생활 습관 차이에서 찾으려 했다. 하지만 연구가 거듭될수록 건강 생활 습관 같은 직접적 요인들보다는 '건강의 사회적 결정요인', 이를테면 소득 불평등, 실업, 근로 환경, 지역사회 환경 등이 중요하다는 점이 확인되었다. 그에 따라 건강에 해로운 행동을 하는 '개인을 탓'하기보다는 건강한 삶을 가로막는 '사회를 탓'하고, 사회적 해결책을 모색하게 되었다.

'탈산업화'와 '수감률'이 기대 수명[1]에 미치는 영향

2017년 말《국제역학지》에 실린 영국 케임브리지 대학 노스라티(Nosrati E) 교수팀의 논문은 여기서 한발 더 나아가 '건강의 사회적 결정요인'에 영향을 미치는 보다 근본적인 사회적, 정치적, 경제적 뿌리에 주목한다.[2] 연구팀은 미국의 주별로 소득에 따른 기대 수명 차이를 분석한 선행 연구에서 특이한 점을 발견했다. 저소득층의 기대 수명이 고소득층에 비해서 짧은 것은 익히 예상할 수 있었던 일이다. 그런데 고소득층의 기대 수명은 50개 주별로 큰 차이가 없었는데, 유독 저소득층의 경우 살고 있는 주에 따라 기대 수명이 상당히 달랐던 것이다. 연구팀은 저소득층의 기대 수명이 유독 짧았던 주들의 특성을 탐색하면서 두 가지 가설을 세웠다. 바로 '탈산업화'와 '수감률'이 이러한 지역 차이를 설명해 줄 수 있으리라는 것이었다. 연구팀은 이러한 가설을 입증하기 위해 2001~2014년까지 미국 50개 주에서 소득 4분위별로 40세의 기대 수명을 산출하고, 연간 제조업 일자리 감소율(탈산업화 지표), 인구 1천 명당 1년 이상의 징역형을 받는 사람들의 숫자(수감률 지표)를 계산했다. 그리고 건강 수준에 영향을 미칠 수 있는 다른 변수들, 예컨대 흡연율, 비만율, 약물 남용이나 살인으로 인한 사망률 등의 변수들을 고려한 가운데, '탈산업화'와 '수감률'이 저소득층의 기대 수명에 어떠한 영향을 미치는지 분석했다.

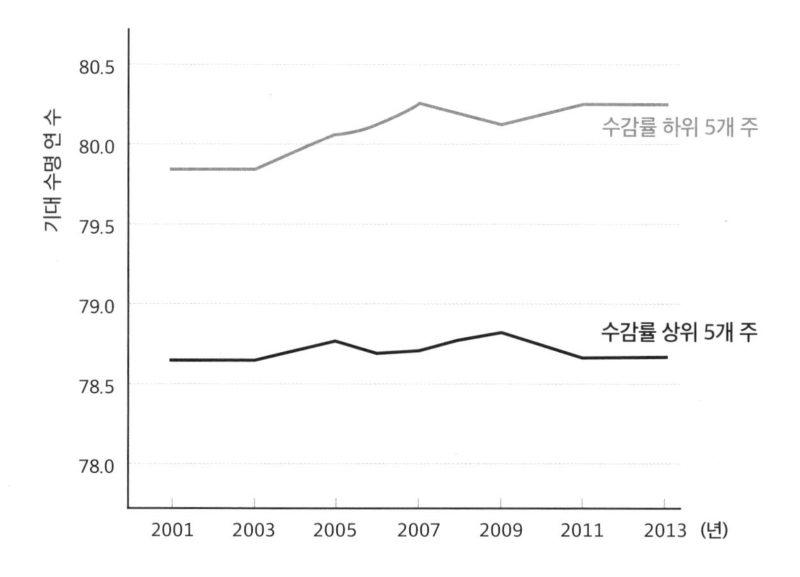

[그림13] 수감률 상위 5개, 하위 5개 지역 소득 하위 25%의 평균 기대 수명 (2001~2014년)

기초 분석 결과, 탈산업화가 심해질수록, 또 수감률이 높아질수록 저소득층의 기대 수명이 짧아짐을 확인할 수 있었다. 똑같은 저소득층이라고 해도, 거주 지역에 따라 기대 수명에는 차이가 있었는데, 이를테면 수감률이 상위 10%에 해당하는 주(인구 1,000명당 수감자 수 평균 6.95명)와 하위 10%에 해당하는 주(평균 1.85명)를 비교할 때, 수감률이 상위 10%인 지역에 거주하는 저소득층의 기대 수명은 1.5년 더 짧았다.[그림13]

여타의 요인들을 모두 고려한 최종 분석 모형에서, 탈산업화율이 1% 높아질 때마다 저소득층의 기대 수명은 0.073년씩 줄어들었고,

1천 명당 수감자 수가 1명 늘어날 때마다 저소득층의 기대 수명은 0.468년씩 줄어들었다. 이러한 모형으로 주별로 나타나는 빈곤층의 기대 수명 차이를 20% 이상 설명할 수 있었고, 고소득층과 저소득층 사이에 나타나는 기대 수명 격차의 상승을 거의 설명할 수 있었다. 연구팀의 추정에 의하면, 주별로 나타나는 탈산업화와 수감률 차이를 완벽하게 없애 준다면, 저소득층에서 평균 2.681년의 기대 수명 증가가 가능했다. 미국에서 암 때문에 줄어드는 수명이 평균 3.2년이라는 것을 고려해 보면 이는 엄청난 수치라 할 수 있다.

탈산업화로 만성적 실업에 직면한 주민들은 경제적 불안과 스트레스 수준이 높아지고, 마약 중독, 흡연, 음주 등 건강하지 못한 행동에 빠져들 가능성이 높다. 이러한 경기 불황 상황에서 미국 정부는 사회보장을 확대하기보다는 긴축 정책을 취하고 엄벌주의를 강화하는 방식으로 대응해 왔다. 빈곤 가정의 주된 생계 부양자가 수감되면 가족이 해체되고 가족 전체가 빈곤에 빠지며, 형기를 마친 후에도 노동시장 재진입이 어려워진다. 일종의 악순환인 셈이다.

또한 수감률이 가장 높은 10개 주 가운데 8개 주는 미국 남북전쟁 이전에 노예 제도가 합법이었던 소위 '노예 주(slave state)'인 것으로 나타났다. 미국의 전통적인 '러스트 벨트(자동차와 철강 산업 단지)' 지역에서 탈산업화로 실업자가 급격히 늘어나고, 수감률이 가장 높은 곳이 과거의 노예 주들이라는 것은 이러한 차이가 "자연환경이나 문화적 전통 때문이라기보다 거의 전적으로 정치와 정책의 효과"임을 시사한다. 제조업의 급속한 쇠퇴와 노예제라는 역사적 유산이 오랜 시간이 경과한 이후 오늘날까지 미국 내 지역 간 건강 불평등에 장기적인 영향을 미치고 있는 셈이다. 연구팀은 미국 사회의 지역 간 건강 격차를 해소하기 위해서는 산업 정책을 개선하고 취약 지역, 취약 계층에 대한 엄벌주의적 대응을 멈춰야 한다고 경고했다.

강남구와 금천구의 기대 수명 차이는?

한국 사회 지역 간 건강 불평등은 미국 사회와는 또 다른 정치 경제적 맥락을 갖는다. 아직 탈산업화가 본격화되지 않았고, 미국처럼 수감률이 높지 않은 상황에서 오히려 지역 개발과 산업화 수준에 따라 건강 격차가 발생하고 있다. 오랫동안 군사 독재 정권은 정치적 기반이었던 영남 지역에 편향된 경제개발 정책을 추진해 왔고, 이를 통해 영남권에는 수출 주도형 경제개발 기반 시설이 집중되며 지역 경제가 성장한 반면, 호남 지역은 오늘날까지도 사회 경제적 저성장이 지속되고 있다. 한편 1990년대 이후 3차 산업으로 산업 구조가 개편되면서 수도권에 정치, 경제, 문화 자원이 집중되었고, 그에 따른 수도권-비수도권의 격차는 더욱 심해졌다.[3]

영남과 호남, 수도권과 비수도권의 극심한 격차는 건강 불평등에도 그대로 반영된다. 예컨대 최근 한국건강형평성학회가 2012~2015년 자료를 토대로 추정한 결과에 의하면, 서울의 기대 수명이 83.3세인데 전남의 기대 수명은 80.7세이며, 소득 상위/하위 20%의 기대 수명은 서울이 각각 86.1세와 80.2세인데 비해, 전남은 83.3세와 75.7세에 불과하다. 서울에 사는 부유층과 전남에 사는 저소득층의 기대 수명 차이는 무려 10년이 넘는다. 심지어 같은 서울 안에서도 개발이 집중된 강남구의 기대 수명(84.8세)과 금천구의 기대 수명(81.7세)이 다르고, 역시 강남구 부유층의 기대 수명(87.5세)과 금천구 저소득층의 기대 수명(78.1세) 사이에는 거의 10년의 차이가 존재한다. 이러한 차이는 자연적이거나 우연에 의한 차이라기보다 전적으로 한국 사회의 개발 정책에서 비롯된 것이라 할 수 있다.

한편 미국 같은 탈산업화 문제가 한국에 존재하지 않는 것도 아니다. 최근에 거제 지역에서의 조선업 위축, 군산 지역의 자동차 생산기지 철수 등이 잇따라 벌어지면서 한국에서도 '탈산업화'에 대한 우려가 커지고 있다. 어떤 대응을 하는지에 따라 미국과 같은 사태가 재현될 수도 있는 것이다. 소개한 논문의 저자들이 언급한 것처럼, 건강 불평등의 정치 경제적 뿌리는 매우 견고하며, 이는 '의학은 사회과학이며, 정치학은 거시적으로 볼 때 의학에 다름 아니다'라는 루돌프 피르호의 말을 떠올리게 만든다.

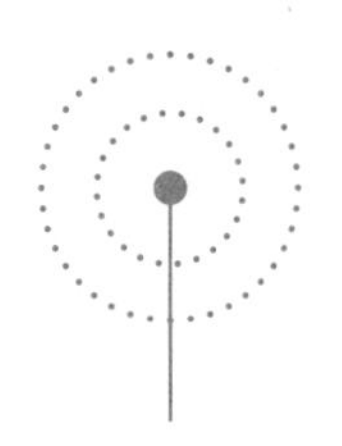

'원인의 원인'을 찾아서

1장에서는 우리를 둘러싼 '건강의 사회적 결정요인(social determinants of health)'의 일부를 다루었다. 건강이 사회, 환경 요인들에 의해 영향을 받는다는 사실은 그리 새로울 것이 없다. 이미 기원전 4세기에 히포크라테스가 동네 환경이 건강에 중요하다는 이야기를 했고, 동양에서도 풍수지리를 중요하게 여기며 '배산임수(背山臨水)'의 명당자리를 다투고는 했다.

하지만 '건강의 사회적 결정요인'이라는 학문적 개념이 정립된 것은 비교적 최근의 일이다. 이는 미국의 사회역학자 알빈 탈로프(Tarlov AR)가 1996년 저작에 처음 사용한 것으로 알려져 있다.[1] 이후에도 주로 학계 안에서만 통용되던 용어가 사회적으로 널리 쓰이게 된 것은 세계보건기구의 '건강의 사회적 결정요인 위원회(Commission on Social Determinants of Health, CSDH)' 활동과 관련이 있다. 고(故) 이종욱 박사가 세계보건기구 사무총장에 취임한 이후 건강 불평등 문제를 국제적 차원에서 다루기 위해 출범시킨 CSDH에는 보건 학계를 넘어 여러 국가의 고위 정책 결정자, 세계은행, 국제통화기금 같은 국제금융기구, 시민사회, 초국적 기업들까지 참여했다. CSDH는 그동안 쌓인 학술적 근거들을 토대로 지역, 국가, 전 지구적 차원에서 건강 불평등 문제를 어떻게 정책 의제로 만들고 실질적 개선을 이룰 것인가에 초점을 두고 활동했다. 그리고 2008년, 3년간의 활동을 마무리하면서 「한 세대 안에 건강 불평등 없애기(Closing the gap in a generation)」라는 야심찬 종합 보고서를 출간했다. 당시 최신의 과학적 근거와 정책적 권고를 아우르는 기념비적 보고서였지만, 안타깝게도 이종욱 사무총장은 그 결실을 보지 못한 채 2006년 세상을 떴다. CSDH의 활동은 그동안 학계, 혹은 일부 국가 안에 머물러 있던 건강의 사회적 결정요인, 건강 불평등에 대한 논의를 정책 공동체로 확산시키고 지구적 차원에서 의제화했다는 점에서 큰 의의가 있다. 세계보건기구는 이 권고 내용을 실행에 옮기기 위해 세계보건총회에서 여러 결의안을 통과시켰고, 자문 활동과 국제 협력을 이어 가고 있다.

건강의 사회적 결정요인이란 건강 불평등의 유형을 이끌어 내는 사회적, 상업적, 문화적, 경제적, 환경적, 정치적 결정요인의 광범위한 세트를 지칭한다. 풀어 쓰자면, 사람이 태어나서 성장하고 살아가며 일하고 나이 드는 매일의 환경이며, 생활환경을 결정짓는 힘이자 시스템이라 할 수 있다.[2] 이는 건강 위험을 회피할 수 있게 하거나 보호할 수 있도록 만드는 자원이라는 점에서, 구체적 위험 요인에 노출되게 하는 '원인의 원인'이라는 측면에서 '근본적 원인(fundamental cause)'이라고 지칭되기도 한다.[3]

건강의 사회적 결정요인은 생애 과정 측면에서, 또 삶의 조건 측면에서 많은 요소들을 포함하지만 세계보건기구는 특히 아동기 환경, 공정한 고용과 괜찮은 근로 환경, 주거 환경, 보편적 의료보장을 포함한 사회보장제도의 중요성을 강조한다.

1장이 이들 각 영역의 주제를 모두 골고루 다루지는 못했다. 빈곤의 대물림이 심각하고 교육 불평등이 극심한 한국 사회에서 초기 아동기와 청소년기의 건강 불평등 이슈를 충분하게 소개하지 못한 것에 아쉬움이 남는다. 마찬가지로 미국만큼 인종 분리와 지역 격차가 심하지는 않지만 부동산과 자산 불평등에 기초한 한국 사회의 지역 간 불평등 논의가 충분치 못했던 것도 마음에 걸린다. 이러한 '편중' 현상은 아동기 환경이나 주거 환경, 사회보장제도가 중요하지 않다고 여겨서라기보다는, 서리풀연구통이 연재될 당시 한국 사회를 압도하는 노동시장 불평등 문제가 아무래도 여러 필자들의 주의를 사로잡았기 때문이다.

일이란 우리에게 생계를 이어 갈 수 있도록 하는 수단이기만 한 것은 아니다. 규칙적인 일상성을 부여하고 가족 이외에 사회적 관계를 맺을 수 있도록 해 주면서 개인들의 정체성을 형성하고 어떤 경우에는 삶의 의미이자 목표와 연결되기도 한다.[4] 건강해야 일을 할 수 있고, 또 건강하고 행복하게 살기 위해 일을 하지만, 우리는 현실에서 건강과 일자리를 '비자발적으로' 맞바꾸는 사례를 많이 보고 있다. 장시간 고강도 노동과 소진의 문제, 산재 위험성을 가중시키는 구조적 요인들, 때로는 실업보다 더한 불안정 고용의 해로움, 비자발적 경력 단절의 부정적 건강 효과, 노동시장의 2등 시민과 정신 건강 악화 사이에서 선택을 강요당하는 여성들의 삶을 다룬 논문들은 모두 해외의 연구 사례들이지만, 한국 사회의 문제를 이해하는 데에도 큰 도움이 된다. 심지어 이런 문제들이 한국에만 국한된 것이 아니라는 점에서 조금은 기이한 위로가 되기도 한다.

아동·청소년기의 건강 문제와 관련해서는 여학생들이 경험하는 성적 괴롭힘의 건강 피해에 대한 연구를 소개했다. 성적 괴롭힘만으로도 단순히 불쾌함을 넘어 신체적 건강 효과를 야기할 수 있다는 점에서 건강과 인권은 결코 분리될 수 없다는 것을 보여 주는 사례라 할 수 있다.

지역 간 건강 불평등이 한 세기 전의 노예제, 건강과는 무관해 보이는 탈산업화 정책, 차별적 교정 정책과 관련이 있다는 연구 결과는 '이를 대체 어쩌면 좋단 말인가'라는 탄식을 자아낸다. 미국의 인종 간 건강 불평등, 그리고 인종을 바탕으로 한 거대한 지역 불평등은 '우리는 저 정도는 아니지'라는 위안을 줄 수 있을지도 모른다. 하지만 지역의 공장 폐쇄 같은 탈산업화는 우리에게도 더 이상 낯선 문제가 아니고,

또 차별적 지역 개발 정책의 유산은 한국 사회에도 강고하다. 미국의 사례는 강 건너 불구경거리가 아니라, 한국 사회가 열심히 막아 내야 할 타산지석의 교훈이 되어야 한다.

이어지는 장들에서는 건강의 사회적 결정요인들 중에서 좀 더 정치적, 문화적, 사회심리적 성격을 가진 요인들을 소개하고, 이러한 건강 결정요인들이 어떻게 우리 몸에 흔적을 남기는지, 어떻게 건강 불평등으로 이어질 수 있는지 이야기하고자 한다.

2

차별, 부패, 불평등이 우리의 건강을 위협한다

동성애 혐오, 당신의 수명이 단축된다

한국이라면 쿠르디가 살 수 있었을까?

'그들'을 몰아내니 '우리'가 아팠다

낙하산 기업의 노동자가 더 많이 죽는 이유

풀뿌리로 위장한 시민단체

부자 동네는 장내 세균도 다르다

불평등은 수면을 잠식한다

불평등은 어떻게 우리 몸에 새겨지는가

몸은 과거를 기록한다

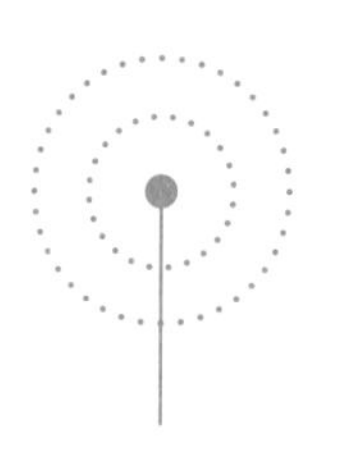

동성애 혐오, 당신의 수명이 단축된다

차별받는 이뿐만 아니라
차별하는 이도 아프다

성 소수자는 물론 소수 인종, 이민자, 장애인, 빈곤층, 비정규직 등 사회적으로 차별받는 이들의 건강 상태가 더 나쁘다는 연구 결과는 이제 새로울 것도 없다. 차별과 배제를 경험하면서도 건강과 행복에 아무런 부정적 영향이 없다면, 그것이야말로 새로운 발견이 될 것이다. 실제로 미국에서의 연구에 의하면, '높은 수준의 반(反)동성애 편견'으로 '구조적 낙인'이 심한 지역에 거주하는 성 소수자의 사망률은 그렇지 않은 지역에 살고 있는 성 소수자들에 비해 3배 이상 높았고, 평균

수명이 12년 정도 짧은 것으로 나타났다.[1]

반동성애 편견은 고용상의 불이익 같은 '은밀하고 세련된' 차별뿐 아니라 노골적 폭력으로 나타나기도 한다. 예컨대 2009년에 발표된 논문을 보면, 한국 사회보다 동성애에 대해서 훨씬 관대한 것으로 알려진 미국에서조차 성 소수자 성인의 20%가 증오 범죄 피해를 경험했다고 한다.[2] 2013년 FBI 통계에서도 미국에서 발생한 증오 범죄 5,922건 중 20.2%가 피해자의 성적 지향과 관련이 있었다. 한국에서는 이와 관련한 공식 통계가 없지만, 서울시 학생인권조례나 차별금지법 제정 과정에서 벌어진 '난동'을 보면, 그 폐해가 훨씬 심각할 것으로 짐작된다.

동성애 편견이 사망 위험 증가시킨다

사실 국내에서 열리는 퀴어 페스티벌을 생각하면 몸을 치장한 성 소수자들의 퍼레이드가 떠오르는 게 아니라, 이를 반대하기 위해 모인 사람들의 화려한 부채춤과 열정적 북 연주가 먼저 떠오른다. 궁금증과 우려가 생겨날 수밖에 없다. 땡볕 아래에서 부채춤을 추고 깃발을 흔들며 북을 치는 저들, 핏발을 세우며 동성애 반대를 외치는 저들, 저분들 과연 괜찮을까?

이런 궁금증은 필자만의 것이 아니었다. 미국 컬럼비아 대학교 하첸블러(Hatzenbuehler) 교수팀이 2014년 《미국공중보건학회지》에 발표한 논문 "미국 이성애자들의 반동성애 편견과 총 사망률"은 바로 이 문제를 다루고 있었다.[3]

연구팀은 1988~2002년에 시행된 종합사회조사 참여자 중 이성애자 2만 226명의 자료를 분석했다. 종합사회조사는 많은 국가가 주기적으로 실시하는 사회과학 분야의 대표적 표본 조사 중 하나인데, 미국에서는 1988년부터 응답자의 성적 지향과 동성애에 대한 견해를 묻고 있다.

동성애에 대한 견해는 다음의 4개 항목으로 측정하여 합산했다. 합산 점수가 높을수록 성적 편견이 심하다는 것을 의미한다.

① 이웃의 누군가가 동성애에 우호적인 책들을 공공 도서관에서 치우자고 제안한다면 동의하시겠습니까? (예 1점/아니오 0점)
② 동성애자임을 스스로 인정한 사람이 대학에서 가르쳐도 된다고 생각합니까? (예 0점/아니오 1점)
③ 동성애자임을 스스로 인정한 사람이 지역사회에서 공개 연설을 한다면 이를 허용하시겠습니까? (예 0점/아니오 1점)
④ 동성의 성인들 사이에 이루어지는 성적 관계는 '항상 잘못이다', '거의 언제나 잘못이다', '때로는 잘못이다', '전혀 잘못이 아니다'. ('전혀 잘못이 아니다' 0점, 나머지 세 개의 답변인 경우 1점)

그리고 2008년까지의 사망 자료를 연계하여 응답자들의 사망 여부와 사망 원인을 확인한 후, 동성애에 대한 편견 수준과 사망 사이의 연관성을 검토했다.

분석 결과, 동성애 편견 점수가 1점 올라갈 때마다 사망 위험이 2.9배 높아지는 것으로 나타났다. 혼인 상태, 인종, 성별, 연령, 국적, 가구소득, 개인의 학력, 현재의 건강 상태 같은 여타 요인들을 모두 고려했을 때에도 사망 위험은 여전히 1.25배 높았다. 연령별 사망률을 이용하여 환산하면, 이는 약 2.5년의 기대 수명 손실을 의미했다.

사망 원인별로 분석한 결과, 특히 심장병으로 인한 사망이 1.3배 높아지는 것을 확인할 수 있었다. 연구팀은 이러한 결과가 비적응적인 심혈관 반응에서 유래했을 것으로 추정했다. 분노가 핵심적인 감정 요소로 작용하며, 그로 인해 촉발되는 생리적 반응이 이러한 결과를 초래했을 것이라는 설명이다.

성적 편견으로 인한 부정적 건강 결과가 피해 당사자인 성 소수자뿐 아니라 차별의 가해자 집단에서도 나타난다는 점은 의미심장하다. 연구팀은 이러한 결과를 토대로 동성애 혐오 태도를 개선하려는 노력은 성 소수자뿐 아니라 모두에게 도움이 된다고 결론 내렸다.

성적 편견은 진공 상태에서 만들어지지 않는다

최근 학계에서는 동성애에 대한 부정적 태도나 감정을 '호모포비아' 대신 '성적 편견'으로 명명하고 있다. '포비아(phobia)'라는 개념은 '두려움'에 초점을 두고 있지만, 실제 연구를 해 보면 반동성애자들에게서 고소공포증(acrophobia)이나 폐소공포증(claustrophobia) 같은 정도의 두려움은 발견할 수 없다. 두려움보다는 분노나 혐오가 더 흔한 감정이다. 또한 두려움이라는 개념은 이러한 태도가 본질적으로 비이성적임을 전제한다. 예컨대 승강기에서 폐소공포증을 느끼는 것은 객관적으로 그럴 만한 이유가 없고 당사자 또한 그것이 괜한 공포임을 모르지 않는다. 하지만 성적 편견을 가진 이들은 최소한 표면적으로는 합리적 설명을 내놓는다. "성적으로 문란하다" "남자답지 않다, 여자답지 않다" "신의 섭리에 어긋난다"는 설명이 대표적이다. 이런 면에 비추어 볼 때, '호모포비아'보다는 '성적 편견(sexual prejudice)'이라는 개념이 적절하다. 성적 편견은 동성애와 관련된 사회적·문화적 '낙인'을 감정으로 내면화한 것으로, 성 소수자에 대한 부정적 태도라는 형태로 성적 소수자에게 표출되는 것이라 할 수 있다.[4]

성적 편견은 은밀하기보다는 명시적 태도로 나타나며, 혐오와 분노 같은 적대적 감정을 동반하고 종종 공격적 행동으로 이어지기도 한다. 또한 불안, 두려움 같은 회피적 정서를 유발하여 개인 간 행동을 위축시키기도 한다. 이러한 성적 편견은 진공 상태에서 뚝딱 만들어지거나 타고나는 것이 아니라 대개 사회심리적 과정을 통해 형성된다. 특히 동성애에 대한 사회 수준의 문화적·제도적 배척 정도는 성적 편견을 형성하는 중요한 영향 요인이다.

미국 정신의학 편람(DSM)의 진단 기준에서 동성애 항목이 완전히 사라진 것이 1987년, 세계보건기구의 질병분류기호(ICD-10)에서 사라진 것이 불과 1992년이다. 그 전까지 동성애는 의학적 권위를 통해 문제적인 것으로 인정되었던 셈이다. 비슷한 맥락에서 미국에서 고용평등법의 반차별 규정에 성적 지향 항목을 포함하지 않은 주들이 있는데, 이는 동성애자라는 이유만으로 해고를 하는 것이 합법적일 수도 있음을 의미한다.[5] 반면 동성 결혼이 합법화된 사회가 늘어나고 성 정체성으로 인한 차별이 불법적이며 야만적인 인권 침해라는 것이 사회적으로 승인될수록, 사람들의 인식과 태도는 바뀌게 된다. 이런 측면에서 인권을 보호하는 제도적 장치는 매우 중요하다.

이러한 사실은 한국에서 성 정체성이나 지향에 기초한 차별을 금지하고 법적으로 소수자의 인권 보호를 명시해야 할 이유가 된다. 한국의 성적 편견은 세계적으로도 유별난 수준이다. 2010~2014년에 시행된 세계가치조사에 의하면, 동성애자를 이웃으로 두고 싶지 않다고 응답한 한국인 비율은 79.8%나 된다. 우리보다 수치가 높은 나라는 조사에 참여한 나라들 중 이라크, 카타르, 터키, 모로코뿐인데 이들 모두 국민 대부분이 이슬람교도인 국가다. 스웨덴의 4%에는 비교할 엄두도 못 내지만, 같은 아시아권인 필리핀, 싱가포르, 홍콩, 타일랜드, 대만, 중국 등에 비교해도 한국의 상황은 범상치 않다. 독실한 가톨릭 국가인 폴란드는 물론, 소치 올림픽 당시 반동성애 용인 때문에 국제적 비난을 받은 러시아와 비교해도 한국의 성적 편견 수준이 높다.[그림14]

성적 정체성 혹은 지향은 개인의 몫이다. 다른 사람의 성 정체성이 마음에 들지 않을 수도 있다. 예컨대 라면 하나를 끓이는 데에도 수프를 먼저 넣을 것이냐, 면을 먼저 넣을 것이냐 취향의 각축이 벌어지는 마당에, 어쩌면 당연한 일이다. 하지만 우리는 상대방의 라면 취향이 마음에 들지 않는다고, 혹은 나와 다른 라면 취향이 인정받는 것을 절

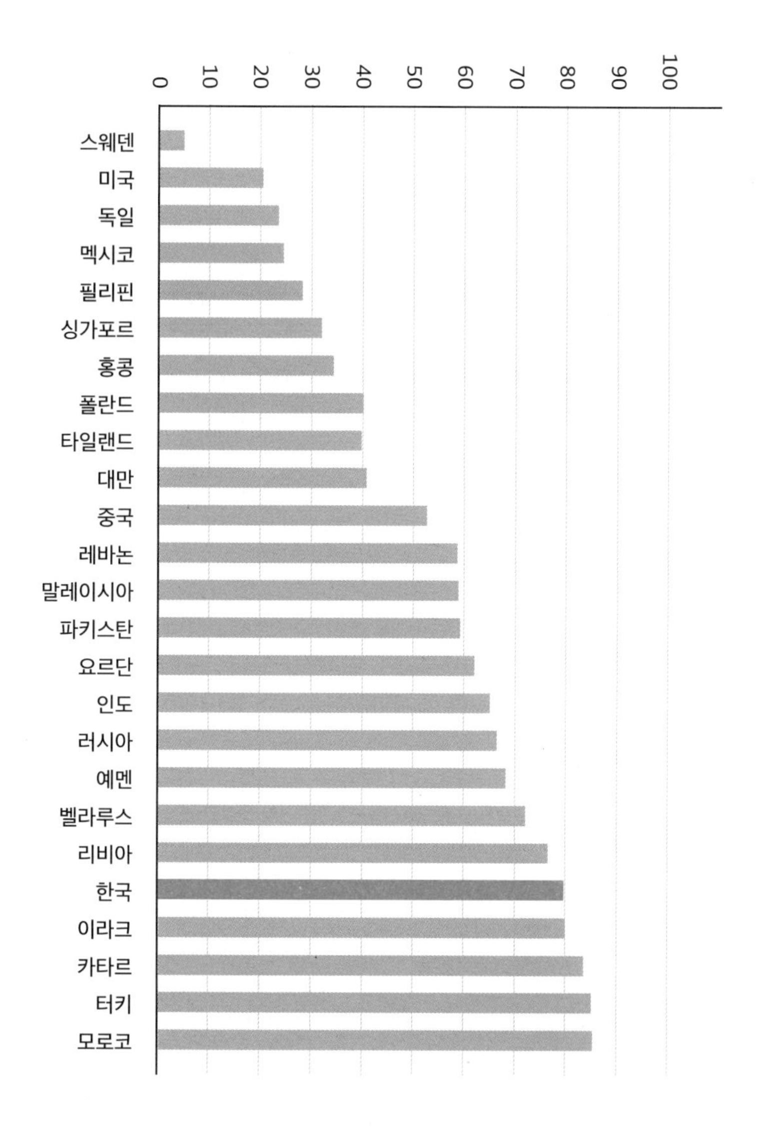

[그림14] 동성애자를 이웃으로 두고 싶지 않다고 응답한 사람의 비율
(출처: 세계가치조사, 2010~2014)

대 용납할 수 없다고, 부채춤을 추고 결의 대회를 하지는 않는다. 심지어 성 정체성은 라면 끓이는 방법의 '취향' 문제와는 감히 비교도 할 수 없는 '존재'의 문제이지 않은가. 지금도 동성애자에 대한 분노와 우려로 애태우고 있을 분들에게 꼭 말씀드리고 싶다.

"혐오는 건강에 해롭습니다. 이제 그만 내려놓으세요. 건강하게 오래오래 살아서 좋은 세상 보셔야죠."

이분들을 위해서라도 차별금지법은 하루빨리 제정되어야 한다.

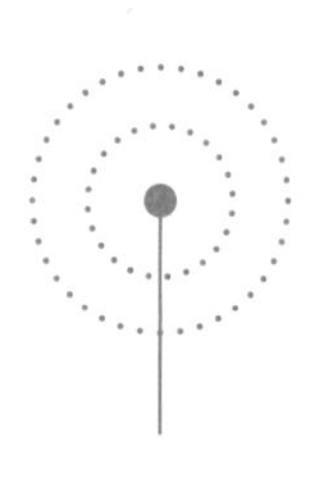

한국이라면 쿠르디가 살 수 있었을까?

이주 아동의 의료 접근성을 묻다

2015년 9월 초, 터키 해안가에서 시신으로 발견된 시리아 꼬마 난민 '알란 쿠르디'의 사진은 전 세계를 충격에 빠뜨렸다. 그간 시리아 난민 수용에 비판적이던 많은 유럽 국가들이 적극적으로 난민 문제 해결에 동참하는 계기가 되기도 했다.

'꼬마 알란'이 던진 충격에서 한국도 예외가 아니었다. 애도의 물결과 함께, 한국도 난민 수용에 보다 적극적으로 나서야 한다는 목소리가 힘을 얻었다. 그러나 여전히 난민 문제는 나와 상관없는 이야기라는 것이 한국 사회의 대체적인 분위기이다. '쿠르디'의 충격이 채 가시지 않은 2016년 난민 관련 통계를 보면 별로 달라진 것이 없다. 2016년 한 해 동안 접수된 난민 신청은 역대 최고 수준인 총 7,542명이었지만 그중 난민 지위를 인정받은 사람은 총 98명에 불과하다. 사상 최저의 난민 인정률을 기록한 것이다. 시리아 난민 신청자들조차도 요건을 갖추지 않았다는 이유로 난민으로 인정받지 못하고 있다. 다만 내전 중인 본국으로 송환할 수는 없기에 '인도적 체류'를 허가받고 있는 상황이다. 국내 인도적 체류자 중 75%가 넘는 874명이 시리아 출신이다.[1]

난민만 문제는 아니다. 이주아동권리보장기본법 제정 추진 네트워크의 추정에 의하면, 2015년 현재 국내 이주 아동의 숫자는 10만 명이 넘고 그 가운데 10~20%는 미등록 이주 아동이다.[2] 특히 미등록 무국적 이주 아동의 경우, 한국에서 최소한의 생존권과 건강권에 대한 보장을 받기 어렵다. 그들은 미등록 이주민 부모에게서 태어났다는 이유로 국적을 갖지도 못하며, 존재가 부정된 채로 살아야 한다.

미국 이주 아동의 의료 접근성

국적 부여에서 속지주의를 따르고 있는 미국에서는 미등록 이주민 가정에서 태어났다 할지라도 대부분의 아동들은 미국 시민권자이다. 최소한 법과 제도의 테두리 안에서 보호받을 수 있다는 점에서, 한국보다는 상황이 낫다고 할 수 있다. 그렇다고 이주 아동들이 갖는 어려움이 없는 것은 아니다. 미국 피츠버그 대학교 보건대학원 마리아 잘렌스키(Jarlenski M) 교수팀이 2015년《소아과학회지》에 발표한 논문에 따르면, 미국 내 이주 아동들은 의료 이용 측면에서 여전히 어려움을 겪고 있으며 이는 건강 격차로 이어지고 있었다.[3]

연구팀은 '국가 아동 건강 조사(National Survey of Children's Health)' 자료를 이용해 연방 정부가 정한 빈곤 기준선 200% 미만인 저소득 가정에 속한 83,612명의 아동을 대상으로, 아동과 가족의 이주민 지위에 따른 건강보험 가입, 의료 접근성, 건강 결과를 비교했다.

아동과 가족의 이주민 지위는 세 가지 범주로 구분했다. 첫째, 비이주민 부모의 시민권자 아동(부모와 아동 모두 미국에서 태어난 경우), 둘째, 최소한 부모 한쪽이 이주민인 시민권자 아동(아동은 미국에서 태어났지만 부모 중 최소한 한 명은 외국에서 태어난 경우), 셋째, 이주 아동(외국에서 태어난 아동)으로 말이다.

'건강보험 가입'은 조사 시점에 가입된 의료보험이 있는지, 메디케이드(Medicaid)나 아동 의료보험 프로그램(CHIP) 같은 공공 부조의 혜택을 받고 있는지(거주 기간이 5년 미만인 미등록 이주 아동은 공공 부조 대상 아님), 지난 12개월 동안 건강보험에 지속적으로 가입했는지 여부로 측정했다. '의료 접근성'은 주치의 개념의 단골 의사나 간호사가 있는지, 지난 12개월 동안 예방적 처치를 받은 적이 있는지, 지난 12개월 동안 필요한데도 의료 이용을 못 한 적은 없었는지의 질문을 통해 측정했다.

분석 결과, 건강보험 가입과 의료 접근성 모두에서 이주 아동들이 비이주 아동에 비해 조건이 열악한 것으로 나타났으며, 건강 결과 역시 좋지 않았다. 비이주민 부모를 둔 시민권자 아동의 건강보험 가입률은 91.4%인 반면 이주 아동의 가입률은 53.8%에 불과했다. 건강보험 지속 가입률 역시 82.1%를 보인 비이주민 부모의 시민권자 아동에 비해 이주 아동은 45.3%밖에 되지 않았다. 부모들이 미등록 이주민인 경우, 정부 기관에 접근하기를 두려워하고 꺼려 한 까닭이었다.

그러나 다행스럽게도 이러한 이주-비이주 아동들 사이의 격차는 시간이 흐름에 따라 점차 감소했다. 2003년에 비해 2007년에, 2007년보다는 2011년~2012년에 이주 아동들의 건강보험 가입률과 의료 접근성, 건강 결과가 훨씬 개선된 것을 확인할 수 있었다. 이는 이주 아동들의 의료 접근성을 제고하기 위한 정책적 노력들이 쌓이면서 효과를 나타낸 것으로 보인다. 연구팀은 이러한 연구 결과에 기초하여, 의료와 건강 불평등을 감소시키기 위한 정책의 중요성을 강조했다. 또 그런 측면에서 당시 오바마 정부가 추진 중이던 '적정부담의료법안(Affordable Care Act)', 즉 오바마케어가 의료 접근성을 제고하고 건강 불평등을 감소시키는 데 긍정적인 영향을 미칠 것이라고 기대했다. 실제로 2013년과 2015년의 건강보험 가입률을 모니터링한 결과에 의하면, 소득에 따른 보험 가입률 격차는 감소한 것으로 나타난다. 특히 메디케이드 프로그램을 적극적으로 확대한 주에서는 연소득 2만 5천불 이하인 가구와 7만 5천불 이상인 가구 사이의 보험 가입률 격차가 31%에서 17%로 크게 감소했다.[4]

우리 사회의 또 다른 '쿠르디'들을 위해

한국의 건강 보장 상황은 어떠할까? 사보험에 의존하는 미국과 달리 국가에서 국민건강보험을 운영하고 있지만, 이주민들이 처한 상황은 미국보다 훨씬 좋지 않다. 국민건강보험법 시행령 제64조에서는 가입자의 요건을 출입국관리법 제31조에 따른 외국인 등록을 한 자로 제한하고 있다. 미등록 이주 아동의 경우 현행 법령상 국민건강보험에 가입할 수 없는 셈이다. 이는 유엔아동권리협약상 사회보험 가입에 대한 국가의 책무와도 배치된다. 건강보험 없이 의료비 100%를 모두 직접 지불해야 하는 상황에서 과연 제대로 된 의료 이용을 할 수 있는 미등록 이주 아동이 얼마나 될까?

미등록 이주민들을 위해 그나마 존재하는 정책조차도 홍보가 제대로 이루어지지 않아 무용지물인 경우가 많다. 예컨대 영유아 예방접종의 경우, 보건소에 가면 본인 부담금만으로 미등록 신분이라도 접종받을 수 있다. 그러나 실제로 이를 아는 미등록 이주민 부모는 거의 없고 보건소 역시 이러한 업무를 이행한 적이 거의 없는 실정이다.

아이들이 우리 사회의 꿈이자 희망이라고 이야기하면서, 그들이 선택할 수 없었던 부모의 조건에 따라 배제당하고 불이익을 받는 사회를 과연 정의로운 사회라고 할 수 있을까?

시리아의 꼬마 난민 '쿠르디'에게 가졌던 안타까움과 연민을 우리 사회에 존재하는 또 다른 수많은 '쿠르디'들에게 실천해야 한다. 멀리 시리아까지 손을 뻗지는 못하더라도 '최소한' 이 땅에 발 딛은 모든 어린이들이 안전하고 건강하게 살아갈 수 있도록 만들어 주는 것이 한국 사회 어른들이 할 일이다.

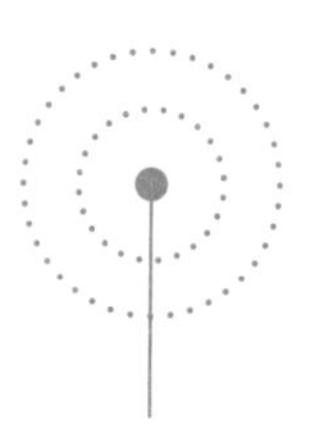

'그들'을 몰아내니 '우리'가 아팠다

이주민 건강 피해, 그들의 문제가 아닌 우리의 문제

문재인 정부가 들어서면서 비정규직 문제 해결에 조금씩 속도가 붙고 있다. 공공 부문 비정규직의 정규직 전환에 이어 민간 부문에서도 고용 보호를 확대한다고 한다. 반가운 소식들이다. 하지만 여전히 아쉬운 부분들이 적지 않다. 특히 이주 노동자 문제가 그렇다.

국내에서 이주 노동자들이 처한 열악한 노동 환경과 인권 유린, 차별 문제는 사실 어제오늘 일이 아니다. 2017년 9월에 진행된 국정감사 자료에 의하면 최근 5년 동안 이주 노동자 511명이 산업재해로 사망했다. 내국인 노동자의 6배에 해당하는 규모다. 산재뿐 아니라 가혹한 노동 환경과 스트레스로 인해 자살을 선택하는 노동자들도 있다. 지난 3년간 자살한 이주 노동자가 네팔 출신만 해도 21명이라고 한다.[1] 이러한 차별과 인권 유린의 피해는 이를 직접 경험한 당사자뿐 아니라 이들이 속한 민족 혹은 지역 공동체에까지 부정적 영향을 미친다. 실제로 2017년 8월에 스스로 목숨을 끊은 네팔 이주 노동자 께서브 쓰레스터 씨 사례도 그러하다. 그는 극심한 우울증과 불면증에 시달리면서도 일을 그만두지 못하고 있다가 6월 무렵 네팔 이주 노동자 세 명이 잇따라 자살하는 사건이 발생한 이후 심경의 변화를 일으킨 것으로 알려졌다.[2]

이주민 기습 단속과 이주 여성의 출산 관련성

2017년《국제역학회지》에 발표된 미국 미시간대 보건대학원 연구팀의 논문은 사회적 정체성에 기반한 차별이 피해 당사자뿐 아니라 공동체 전체에 부정적 영향을 미칠 수 있다는 점을 잘 보여 준다.[3] 이 논문은 미국 아이오와 주 포스트빌 시에서 발생한 미등록 이주민 기습 단속이 이주 여성들의 출산에 어떠한 영향을 미치는지 분석한 결과를 담고 있다.

이 연구는 2008년 5월 12일, 미국 이민세관 단속국이 포스트빌에 위치한 육류 가공 처리 공장을 기습 단속하여 미등록 이주 노동자 389명을 체포했던 사건을 배경으로 한다. 체포된 이들 중 98%가 라틴계

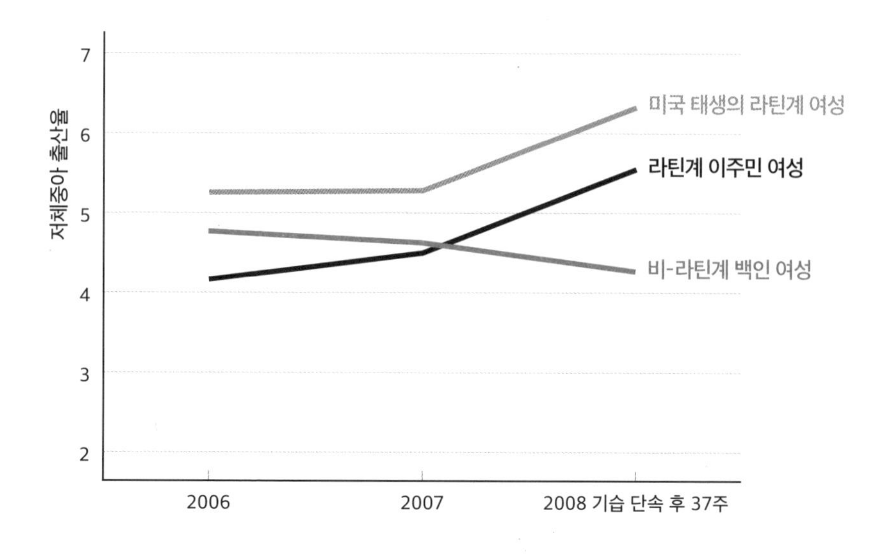

[그림15] 포스트빌 기습 단속 전후의 저체중아 출산율 비교

이주민이었다. 이들 거의 대부분이 유죄가 인정되어 최종적으로 297명이 5개월의 징역형을 마친 후 강제 추방되었다. 무장 요원 900명과 UH-60A 기동 헬기까지 동원했던 이 기습 단속은 미국에서 단일 규모로는 가장 큰 현장 단속이었다.

연구팀은 이러한 단속이 체포 당사자는 물론, 라틴계 공동체 전체에 커다란 충격을 주었다는 점에 착안하여, 이를 하나의 '자연 실험' 상황으로 간주했다. 포스트빌에 거주하는 여성들을 ① 라틴계 이주민 ② 미국 태생의 라틴계 ③ 비-라틴계 백인의 세 집단으로 구분하고, 이 사건 발생 전후 시기의 저체중아 출산 여부를 비교했다.

분석 결과, 이주민이든 미국 태생이든 라틴계 여성들의 경우에 포스트빌 기습 단속 직후 저체중아 출산[그림15]과 임신 32~36주 조기 분만 위험이 증가하는 것으로 나타났다. 기습 단속과 저체중아 출산의 연관성은 기습 단속 사건이 임신 초기 3개월에 해당했던 여성들, 학력 수준이 낮은 여성들에게서 특히 뚜렷했다. 반면 비-라틴계 백인 여성들의 경우 단속 사건 이후에 오히려 저체중아 출산율이 약간 감소했다. 이는 2006년 이후 전국적으로 저체중아 출산율이 감소하고 있던 추세에 부합하는 것이었다. 말하자면, 아무 사건이 없었더라면 모든 여성들에게서 저체중아 출산이 대체로 감소했을 것이지만, 현실에서는 그렇지 않았던 것이다.

연구팀은 포스트빌 기습 단속을 중요한 '인구 집단 스트레스'로 정의하고, 이 사건이 임신 중인 라틴계 여성에게 사회심리적 스트레스를 유발하여 저체중아 출산 위험을 증가시켰다고 설명했다. 주목할 것은 이러한 기습 단속이 도시 전체 혹은 전국 단위로 벌어진 일이 아니었다는 점이다. 당시 기습 단속은 단 한 개 사업장만을 표적으로 했을 뿐이지만, 그 효과는 지역사회의 라틴계 주민 전체에 미쳤다. 심지어 라틴계 이주민뿐 아니라 미국에서 태어난 라틴계 여성들, 즉 라틴계 혈통의 합법적 미국 시민들 사이에서도 부정적 영향이 관찰되었다.

실제로 포스트빌 기습 단속 이후 이주민들은 추가 단속을 우려하여 공공장소를 기피하고 소비를 줄였을 뿐 아니라, 고용 관행의 변화에 따른 소득 불안정성을 경험한 것으로 나타났다. 또한 라틴계 주민들은 '라틴계는 곧 미등록 이주민'으로 동일시하는 시선 때문에 인종적 배제를 경험한다고 보고하기도 했다.

연구팀은 2001년 미국 뉴욕에서 발생한 9·11 테러 이후, 뉴욕과는 멀리 떨어진 캘리포니아 아랍계 여성의 저체중아 출산율이 증가했다는 선행 연구 결과를 언급하면서,[4] '사회적 정체성'에 대한 위협이 멀리 떨어진 곳에 거주하는 동일 민족 집단에 영향을 미칠 수 있다고 결론 내렸다. 국내에서 강남역 살인 사건이 벌어졌을 때 수많은 여성들이 '저 일이 나에게도 일어날 수 있다'고 생각하며 두려움과 분노를 표출했던 것을 생각하면 쉽게 이해할 수 있다.

이주민의 환경은 곧 우리의 환경

미국 사회는 트럼프 정부가 불법 체류 청년 추방 유예 프로그램 폐지를 추진하면서 논란이 계속되고 있다. 미국에 거주하는 한인 청년 1만여 명도 추방 위기에 놓였다는 점에서 국내 언론에서도 이를 비중 있게 다룬 바 있다.[5] 최근 트럼프 정부는 '불법' 이주민에 대한 무관용 정책을 강화하면서 멕시코 접경에서 밀입국 부모와 미성년 자녀를 분리 수용하도록 했다. 이러한 가족 분리 정책은 국내외로부터 큰 비난을 받았다. 특히 미국 소아과학회는 이러한 조치가 명백한 '아동 학대'라면서 강력하게 비판했다.[6]

국내 언론들은 이러한 조치가 가혹하다고 비판하지만, 한국 내 상황을 돌아보면 이런 말을 하기 부끄러울 지경이다. 실제로 국내에서 미등록 이주민에 대한 강제 단속은 무차별 폭력과 무리한 벌금 징수로 여러 차례 여론의 도마 위에 올랐다. 2007년부터 2016년까지 미등록 이주 노동자 강제 단속 과정에서 사망한 이가 9명이고 중상을 입은 이도 12명이나 된다. 부산출입국관리사무소 직원들의 단속을 피하다 8미터 높이 회사 울타리에서 추락한 인도네시아 노동자, 강원 지역에서 숙소에 들이닥친 합동 단속반을 피해 해안가로 도주했다가 바닷가에서 변사체로 발견된 중국 노동자 등의 사례를 듣다 보면,[7] 무시무시한 테러리스트를 쫓는 액션 범죄 영화의 한 장면인가 싶다. 한국 정부는 미등록 이주 노동자 문제를 고용 관계와 근로 환경 개선을 통해 해결하기보다는 강제 단속이라는 비인권적 미봉책에 거의 전적으로 의존하고 있다. 한국 정부는 1990년 UN이 채택한 '이주 노동자와 그 가족의 권리 보호를 위한 국제협약'에 아직 서명도, 비준도 하지 않고 있는 상태다.

현재 한국 사회의 이주민 규모는 결코 작지 않다. 국내 거주 외국인의 숫자는 이미 2백만 명을 돌파했고, 2015년 현재 외국인 주민 수가 3만 명 이상인 시군구도 7개가 넘는다. 대표적으로 경기도 안산시에는 7만여 명의 이주민이 거주하고 있다. 제조업, 농업, 서비스업 현장에서, 학교, 극장, 대중교통, 슈퍼마켓에서, 외국인, 이주민과 마주치는 것은 더 이상 드문 일이 아니다. 이제 외국인, 이주민이 없었던 한국 사회로 돌아가는 것은 불가능하다. 만일 미등록 이주 노동자들을 한꺼번에 모두 추방해 버린다면 한국의 농촌은 작물을 생산해 낼 수 없다는 이야기까지 나오고 있는 실정이다.[8] 이제는 이주민들이 경험하는 열악한 근로 환경, 차별, 폭력적 단속을 '그들'의 문제가 아니라 '우리 공동체'의 문제, '인구 집단 스트레스' 문제로 여겨야 할 시점이다.

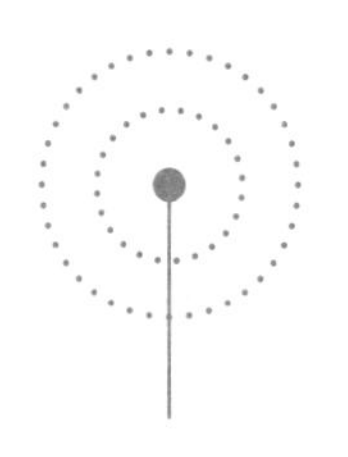

낙하산 기업의 노동자가 더 많이 죽는 이유

정경 유착과 노동자 사망률의 관계

지난 정부 시절, 국무총리 후보자로 선임됐던 전직 헌법재판소장과 전직 대법관이 인사청문회를 거치며 잇따라 낙마한 일이 있었다. 두 사람 모두 공직 퇴임 후 법률사무소에 취업한 것, 그와 관련된 전관예우 특혜가 문제였다. '공직자윤리법'은 일정 기준 이상의 고위 공무원으로 하여금 "퇴직일로부터 3년간, 퇴직 전 5년 동안 소속하였던 부서 또는 기관의 업무와 밀접한 관련성이 있는 일정 범위의 기관에 취업할 수 없"도록 규정하고 있다. 공공 기관에 영향력을 행사할 수 있는 전직 고위 공무원이 관련 기관에 취업하게 되면 해당 기관의 이익을 추구하는 과정에서 공익에 배치되는 부정적 영향을 초래할 수 있다는 점을 우려해서다.

하지만 기업들은 꾸준히 전직 법관이나 고위 관료 영입에 공을 들이고 있다. 예컨대 2013년 현재 국내 50대 기업 변호사 임원 54명 중 27명이 검사 출신이고 부장검사급만 12명이었다.[1] 2012년 국정감사 자료에 의하면, 1991년부터 2012년까지 한국주류산업협회의 협회장과 전무이사를 모두 국세청 전직 관료들이 맡고 있었다. 상식적으로는 협회에 속한 주류 기업 대표들이 돌아가면서 협회장을 맡아야 할 것 같지만 현실은 그렇지 않다.[2] 기업들이 이토록 극진하게 대우하는 이유는 해당 공직자가 몸담았던 공공기관에 대한 영향력, 즉 '전관예우'를 받음으로써 정부의 규제와 감시에 대한 방패막이나 자신들에게 유리한 정책 추진의 교두보로 전관들을 활용할 수 있기 때문이다. 여기에는 정당한 절차가 아닌 부정부패와 꼼수가 개입하기 마련이다. 정당하고 합법적인 절차만으로 가능한 일이라면 굳이 애써 전직 관료를 모셔 올 필요도 없는 것이다.

최근에는 이러한 정경 유착과 부정부패가 사회 정의를 훼손할 뿐 아니라 실질적이고 구체적인 피해, 즉 인명 손실까지 초래할 수 있다는 학술적 증거가 제시되었다. 미국 컬럼비아 대학교와 남캘리포니아 대학교의 공동 연구팀은 경제학 분야의 저명한 국제 학술지 《경제 연구 리뷰》에 기업의 '정치적 유착(정치적 연관, political connection)'이 노동자의 산재 사망률과 관련 있다는 연구 결과를 보고했다.[3] 연구팀은 '세계의 공장' 역할을 하고 있는 중국 기업들을 대상으로 기업의 '정치적 유착'이 안전하지 않은 작업 환경을 초래하거나 혹은 방치하고, 이것이 사업장의 산업재해와 그로 인한 노동자의 사망으로 이어질 수 있다는 점을 실증적으로 확인하고자 했다.

기업의 정치적 유착과 노동자 사망률의 연관성

연구는 중국 내 상장 기업 276개사를 대상으로 삼고 있다. 연구 대상 기업들의 업종은 석탄 광업, 원유와 천연가스 채굴업, 철광석 채굴과 선광업, 비철광석 채굴과 선광업, 건설업, 원유 정제 처리업, 화학 원료와 생산품 제조업, 철강 제련·압형 제조업, 비철금속 제련·압형 제조업, 건설업 등이 포함된다. 이들 업종은 모두 안전 보건 규제의 주요 대상이다. 연구팀은 이들 기업의 2008년부터 2013년까지의 산업재해, 산재 사망, 산업 안전 규제 위반과 '정치적 유착' 여부를 조사했다.

기업의 '정치적 유착' 여부는 "해당 기업의 대표 또는 고위 임원 중 한 명 이상이 기초자치단체의 시장 또는 부시장 재임 경력이 있거나 직할시·성 및 중앙 정부에서 고위 공무원으로 재직 경험이 있는 경우"로 정의했다. 산재 사망 통계를 확인하기 위해서 「기업의 사회적 책임 보고서」를 검토하고, 지역 언론 검색을 통해 규제 위반 등의 자료를 보완했다. 최종적으로 1,475개의 연도별, 기업별 관측값을 산출했으며, 총 1,332명의 산재 사망을 확인했다. 노동자 1만 명당 사망률은 0.65명으로, 위험 업종임에도 불구하고 전국 평균인 0.93명보다 낮다. 이는 아마도 자료가 공개된 상장 기업들만을 분석 대상으로 했기 때문일 것이라고 연구팀은 추정했다.

분석 결과는 비교적 분명했다. 2008년부터 2013년 동안 산재 사망률은 '정치적 유착'이 있는 기업(유착군)이 그렇지 않은 기업(비유착군)에 비해 훨씬 높았다. 예컨대 사망자가 1명 이상 발생한 경우가 유착군은 39.5%로 비유착군의 11.0%에 비해 약 3.6배 높았다. 또한 유착군의 연간 산재 사망률은 1천 명당 평균 0.084명으로 비유착군의 0.024명에 비해 3.5배였다. 한 사고에서 3명 이상이 사망한 중대 재해도 유착군은 16.3%로 비유착군의 2.7%에 비해 6배나 높았다. 유착군의 주요 안전 규제 위반은 7.8%로 비유착군의 2.2%에 비해 3.5배 높았다. 요약하자면, 정치적 유착이 있다고 분류된 기업들은 그렇지 않은 기업들에 비해 안전 규제 위반율과 중대 재해 발생률, 산재 사망률이 모두 높았던 것이다.

이런 현상이 왜 나타났을까? 연구팀은 기업이 전직 고위 공무원을 기업 대표나 고위 임원으로 임명함으로써 광산업, 화학물질 제조업 같은 위험 업종에서 사업 추진에 필요한 수십 개의 관공서 인·허가를 신속하게 처리할 수 있으며, 지방 관료에게 기업 지분을 제공함으로써 안전보다는 기업 이윤을 우선시하도록 동기 부여할 수 있다고 지적했다. 또 일단 사업을 시작한 이후에는 기업이 안전 보건 규제를 위반하더라도 그로 인해 처벌받거나 문을 닫게 될 가능성이 낮으며, 심지어 강력한 정치적 연줄을 통해 기업 감시를 전혀 실시하지 않도록 영향력을 행사할 수도 있다고 지적했다. 실제로 논문의 분석 결과를 보면, 노동자 사망이 발생하지 않은 연도에는 정치적 유착 기업의 규제 위반 보고가 전혀 없었다. 비유착군에서는 4.6%의 위반 보고가 있었던 것과 대조가 된다. 반면 사망 사고가 발생한 시기에는 두 집단 모두 비슷하게 16% 정도의 규제 위반 사례들이 보고되었다. 이는 큰 사고가 발생하지 않으면 정치적 유착 기업들에서는 안전 보건 규제에 대한 감시가 소홀해지는 상황을 짐작케 한다.

정경 유착과 부패는 목숨을 앗아간다

이러한 연구 결과는 기업의 정치적 유착과 '전관예우'를 매개로 한 부정부패가 산업재해와 그로 인한 노동자 사망으로 이어져 막대한 사회적 비용을 초래할 수 있다는 실증 근거를 보여 준다.

국내에서 이러한 통계적 검증이 이루어진 적은 없지만, 여러 경험적 사례를 통해 한국의 상황도 이와 다르지 않을 것임을 짐작할 수 있다. 이를테면 2008년 40명의 노동자를 죽음에 이르게 한 이천 냉동 창고 화재 사건의 경우, 사업주는 산업안전보건법과 소방법, 건축법을 위반한 것으로 드러났다. 이렇게 법규를 위반하고도 사업을 추진할 수 있었던 것은 건축 설계 임의 변경을 눈감아 주고 소방 점검을 쉽게 통과할 수 있도록 공무원에게 뇌물을 제공한 덕분이었다.[4]

부정부패, 정경 유착이 가져온 인명 피해 중 가장 큰 사건은 아마도 세월호 참사가 아닐까 싶다. 세월호 참사가 발생하기까지 수많은 문제들이 있었지만, 소위 '해수부 관피아'로 지칭되는 규제 감독 기관과 기업의 유착은 이 비극적 사건에서 중요한 역할을 했다.

낙하산 인사, 전관예우, 관피아, 정경 유착, 그리고 이로부터 비롯된 부정부패는 우리의 삶터와 생명을 위협하는 심각하고 중요한 문제다.

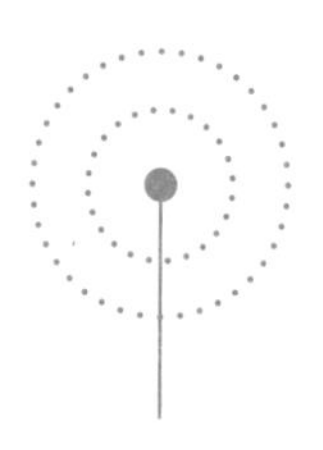

풀뿌리로 위장한 시민단체

담배 기업의 이해를 대변하는 티파티

마블 시네마틱 유니버스에는 외모도 성격도 집안 배경도 전혀 다른 슈퍼 히어로들이 모여 산다. 시내 핫 플레이스에서 아이언맨과 매그니토, 울버린이 우연히 마주칠 법도 하지만, 현재 소속사가 다르다 보니 이런 일은 아직 일어나지 않았다. 그런데 영화의 세계에서도 보기 힘든 의외의 연합 전선이 현실에서 구축되고 있다.

미국 보수주의 '티파티(Tea Party)' 운동과 초국적 담배 기업들의 동맹이 그것이다. 미국 주 정부들의 담뱃세 인상과 금연 구역 확대 정책에 보수주의 풀뿌리 운동을 표방한 티파티 조직들이 적극적인 반대 운동을 벌이고 있는 것이다. 어떻게 된 일일까?

담배 기업과 손잡은 티파티

미국 캘리포니아 대학교 글란츠(Glantz SA) 교수 연구팀은 저명 학술지《담배 규제》에 발표한 논문에서 이 기묘한 동맹의 수수께끼를 파헤쳤다.[1]

연구팀은 레거시 담배 문서 도서관,[2] 인터넷 아카이브 웨이백 머신(Wayback Machine), 구글, 경영과 법률 정보 아카이브인 렉시스넥시스(LexisNexis), 미디어와 민주주의 센터, 책임성 정치 센터 등의 자료들을 분석하여 그 관계를 추적했다. 이들이 발견한 것은, 티파티 핵심 조직과 담배 기업들이 오래전부터 인적, 금전적으로 상당한 연계를 갖고 일관된 전략을 구사해 왔다는 것이다.

2009년 티파티 운동이 혜성처럼 나타나 선거에서 파란을 일으켰을 때, 사람들은 이를 새로운 유형의 성공적인 풀뿌리 운동이라고 믿었다. 그러나 막대한 자금을 지원하는 정치적 이해집단과 기업, 홍보업체들의 연합체가 만들어 낸, '풀뿌리'를 가장한 일종의 '인조 잔디' 운동이라는 사실이 점차 드러났다.

특히 '번영을 위한 미국인들(Americans for Prosperity, AFP)'과 '프리덤웍스(FreedomWorks)' 같은 조직은 티파티 운동 초기에 중요한 역할을 했다. 이들은 2009년 4월 전국적 규모의 조세 저항 시위, 8월의 건강보험 개혁안 반대 타운홀 시위, 9월의 워싱턴 납세자 행진 조직 등에 결정적 기여를 했다. 논문이 작성되던 2012년, 바로 이 두 조직은 주 정부의 담뱃세 인상과 금연 구역 제정에 반대하는 지역 티파티 운동을 적극적으로 조직하고 있었다. 글란츠 교수팀의 분석에 의하면 이러한 관계의 시작은 1980년대로 거슬러 올라간다.

미국 담배 기업들은 1980년대부터 담배 규제에 반대하기 위해 풀뿌리 흡연자 권리 운동을 조직해 왔다. 대중이 담배 기업을 신뢰하지 않기 때문에 소비자 뒤에 숨어서 활동한 것이다. 또한 '건전한 경제를 위한 시민들(Citizens for a Sound Economy, CSE)' 같은, 무늬만 시민단체에 자금을 지원하여 그들이 정치적·경제적 의제를 주도하도록 했다.

1991년과 2002년 사이 담배 기업들은 CSE에 최소 530만 달러를 기부했으며 특히, 필립모리스는 이를 A급 관리 조직으로 지정하고 긴밀한 관계를 유지했다. 1990년대에 CSE는 적극적으로 담배 규제 반대 활동을 벌였다. 담배 회사들은 간접흡연이 발암 요인이라는 것을 밝혀내는 것 자체를 불가능하게 만드는 새로운 위험 평가 기준 도입을 전략으로 삼았다. 1992년 CSE는 위험 평가 기준을 바꾸는 데 관심을 보였던 당시 부통령 댄 퀘일이 참석하는 컨퍼런스를 열어 '과도한 규제'에 대한 우려를 표했다.

1993~1994년에는 담뱃세 인상이 포함된 클린턴 정부의 의료보험 개혁안 반대 캠페인을 전개했다. 담배 회사들은 CSE의 끽연자 권리 집단 등과 연대해 움직였고, 담뱃세 인상 반대를 직접적으로 드러내기보다는 의료보험 개혁안을 통째로 반대하는 전략을 취했다. 필립모리스

는 하원 에너지 통상위원회 로비 자금으로 CSE에 40만 달러를 기부하기도 했다. 1994~2001년에 걸쳐서는 작업장의 간접흡연을 감소시키려는 직업안전보건청 규제안에 반대하는 캠페인과 로비를 벌였다.

1994년에는 미국 식품의약품안전청(FDA)이 담배에 포함된 니코틴 등의 성분을 문제 삼아 관리 대상 품목으로 지정하려 하자 결사적인 반대 캠페인을 조직했다. 이들은 관리 대상 품목 지정의 부당성에 대한 비판이 아니라, 비효율과 관료주의라는 명목하에 FDA 자체를 공격 대상으로 삼았다. 예컨대 FDA가 쓸데없는 일들을 벌이느라 신약 승인이 늦어져서 불필요한 죽음이 유발되고 있다며 '규제로 인한 사망'이라는 무시무시한 라디오 광고를 방송했다. 이전부터 예정되어 있던 FDA 청사 신축도 예산 낭비라며 맹렬하게 비난했다.

또 담배 때문에 지출된 메디케어 재정을 담배 기업이 보상해야 한다는 법무부 소송에 반대하는 활동에도 적극적이었다. 이렇게 담배 기업의 이해를 적극적으로 대변했던 CSE는 2004년에 AFP와 프리덤워크스로 분화했다. 하지만 [그림16]에서 드러나듯 그들의 인맥과 전략은 이후 티파티 운동으로 이어지고 있다.

[그림16]의 왼쪽 아래에 위치한 '소비자 자유 센터(Center for Consumer Freedom, CCF)'는 담배 기업과 관련된 또 다른 티파티 조직이다. 여기에는 코카콜라, 몬산토, 웬디스 같은 식품·농산물 기업들도 관여하고 있다. 이들은 담배뿐 아니라 건강에 해로운 영향을 미치는 소비 상품에 대한 규제 반대에 적극적이다. 2012년 블룸버그 뉴욕 시장이 어린이 비만을 줄이기 위해 슈퍼 사이즈 탄산음료 판매를 규제하려고 했

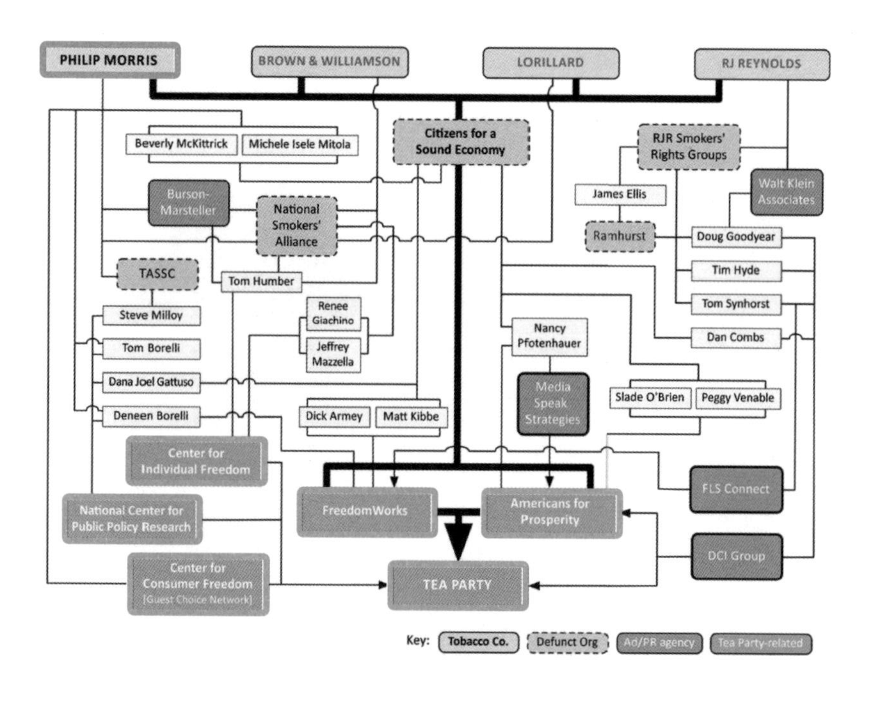

[그림16] 1980~2012년에 이르기까지 담배 기업, 제3자 협력자, 티파티 사이의 유착 관계 ©tobaccocontrol.bmj.com

을 때, CCF는 〈뉴욕타임스〉에 블룸버그 시장을 비난하는 전면 광고를 게재했다. 그들의 메시지는 분명했다. "뉴욕 시민들은 시장을 원하지, 유모를 원하는 것이 아니다."[그림17]

규제 반대 여론조차 필요 없는 한국 상황

AFP, 프리덤워크스, CCF를 포함한 티파티 운동은 공통적으로 사유

재산의 권리, 소비자 선택, 작은 정부를 강조한다. 담배 규제 자체를 무용하다고 말하거나 담배가 건강에 해롭지 않다고 주장하지는 않는다. 다만 이러한 규제가 개인의 자유와 권리라는, 보다 중요한 가치를 훼손하기 때문에 반대한다는 입장을 고수한다. 오바마 대통령의 의료보험 개혁안을 반대하는 논리 또한 마찬가지이다. 물론 이 모든 캠페인에서 담배 기업의 이름은 절대로 드러나지 않는다. 외양은 어디까지나 '자발적인 풀뿌리' 시민운동이다.

[그림17] 블룸버그 뉴욕 시장을 유모로 표현한 CCF의 신문 광고

현재 티파티는 미국을 넘어서 해외까지 활동 반경을 넓히고 있다. 예컨대 2012년 프리덤워크스는 이스라엘, 일본, 나이지리아 등 30개국의 활동가를 훈련하는 프로그램을 진행했다.

글란츠 교수팀은 논문의 말미에서, 정치인, 미디어, 대중이 담배 기업과 티파티, 관련 조직들의 오래된 커넥션을 제대로 이해해야 한다고 강조했다. 자칫 시민들의 자유를 촉구하는 풀뿌리 운동으로 오해하여 호도될 위험성이 크기 때문이다.

그렇다면 한국 사회의 상황은 어떨까? 일단 글란츠 교수팀의 연구 같은 실증 자료 분석은 아직 이루어진 바 없다. 사실 이런 연구가 (최소한) 지금으로서는 별로 필요해 보이지도 않는다. 한국 기업들이 규제 반대 여론을 만들기 위해 굳이 가짜 풀뿌리 운동까지 조직하는 수고를 들일 필요가 없기 때문이다.

한국 사회가 어떤 곳인가? 국세청 관료들이 퇴임 후 주류산업협회의 임원으로 직행해도 아무런 문제가 안 되는 나라다. 1980년 한국주류산업협회가 창립된 이래 2012년까지, 역대 11명의 회장 중 7명이 국세청 출신이며, 전무이사의 경우에는 역대 11명 중 8명이 국세청 출신이다.[3] 또한 KT&G는 국제 담배 규제 기본 협약에서 금지를 촉구하는 스포츠 행사 스폰서 정도가 아니라 아예 농구, 배구, 탁구, 배드민턴 같은 스포츠팀을 직접 운영해 왔다.[4] 2010년이 되어서야 이들 스포츠팀은 '한국인삼공사 KGC'로 이전되었다. 또한 박근혜 전 대통령은 기업하기 좋은 나라를 운운하며 '규제 단두대'를 만들겠다는 발언까지 했다. 티파티 활동가들이 부러워할 만하다.

그래도 예상 밖의 연대와 기묘한 조합은 어디서나 펼쳐질 수 있는 법. 감시의 눈길을 거두지는 말아야 할 것 같다. 최근 탐사 보도를 통해 알려진 바에 의하면, 세월호 유가족을 모욕하고 백색 테러를 일삼아 온 '구시대'적 극우 보수 단체들을 후원해 온 곳이 바로 '세계 초일류' 기업을 지향하는 삼성이었으니 말이다.[5]

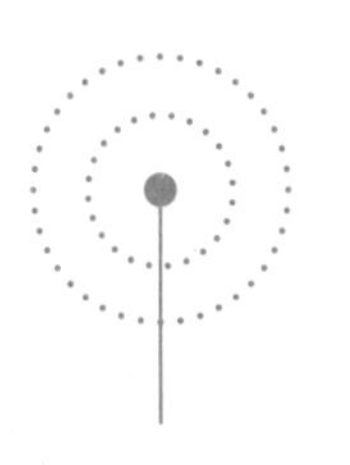

부자 동네는 장내 세균도 다르다

건강 불평등과
장내 세균 분포 관련성

살고 있는 동네에 따라 건강 수준에 차이가 난다는 연구는 이미 새롭지 않다. 가난한 동네의 주민들일수록 천식, 당뇨, 심근경색, 뇌졸중 발생은 물론, 사망률도 높은 경향이 있다.

대개 가난한 동네라는 것이 가난한 이들이 모여 사는 곳이고, 가난한 사람들의 건강이 안 좋다 보니 동네의 통계 결과도 안 좋은 것이 당연해 보이지만 그런 이유만 있는 것은 아니다. '동네' 그 자체도 사람들의 건강에 영향을 미친다. 본인이 꼭 가난하지 않더라도 가난한 동네에 사는 것만으로 건강에 부정적 결과가 초래될 수 있다.

왜 그럴까? 운동을 할 수 있는 공원, 마음껏 걸어 다닐 수 있는 안전한 보행로, 신선 식품을 파는 소매점의 분포, 대기오염과 범죄 수준 등 건강 '결정요인'이 동네마다 다르기 때문이다. 미국 노스웨스턴 대학교 심리학과 그레고리 밀러(Miller G) 교수팀이 2016년에 국제 학술지 《플로스원(PLoS One)》에 발표한 논문은 이러한 설명에 한 가지를 더 추가했다. 동네의 사회 경제적 지위에 따라 주민들의 장내 미생물 분포도 달라진다는 것이다.[1]

장내 세균 분포가 동네의 사회적 지위에 따라 달라진다고?

원래 우리 몸에는 수많은 미생물이 함께 살고 있다. 인간의 몸에는 약 100조 개 정도의 세균이 살고 있는 것으로 추정되며, 장내 세균의 종류만 해도 500여 가지가 넘는다. 장내 세균은 우리가 섭취한 음식물의 분해와 배설을 돕는 중요한 동반자이다. 최근 많은 연구들이 저강도의 염증 반응이 여러 만성 질환의 공통 위험 요인이라는 점을 지적하는데, 이러한 만성 염증은 장내 세균 무리 구성의 변화로도 나타난다. 예컨대 당뇨병이나 심장병, 일부 암 등에 걸린 환자들을 살펴보면 건강한 대조군에 비해 장내 세균 무리의 다양성 상실이 관찰된다.

연구팀은 이러한 선행 연구들에 착안하여, 지역 간에 관찰되는 건강 불평등이 장내 세균 분포와 관련 있는지 확인하고자 했다. 연구팀은 미국 시카고에 살고 있는 건강한 성인 44명을 대상으로 이들의 장내 세균 분포와 살고 있는 동네의 사회 경제적 지위 사이의 관계를 분석했다.

연구 참여자들은 모두 위장관 질환이 없고 신체검사와 혈액검사 결과가 정상이면서 과도한 음주 습관이 없는 이들이었다. 또 장내 세균 분포에 영향을 미칠 수 있는 항생제나 프로바이오틱스, 기타 의약품을 최근 3개월 이내에 복용한 적이 없었다.

대장 내시경을 하기 위해서는 하루 전날 관장제 복용으로 장을 깨끗이 비워야 한다. 하지만 이 연구에서는 장내 미생물의 자연 상태를 확인하기 위해 이런 작업을 하지 않았다. (검사를 하는 사람과 받는 사람 모두 대단한 어려움이 있었을 것이다.) 이렇게 자연 상태에서 내시경을 시행하여 구불결장의 점막 표본과 대장 내부의 대변 표본을 채취한 후, DNA 추출과 분석을 통해 어떤 세균이 살고 있는지 확인하여 세균 무리의 다양성 지표를 산출했다.

또 연구 참여자들의 주소지 우편번호를 이용하여 지역을 확인하고, 인구통계 자료의 가구 중앙 소득, 학력 수준, 고용률, 주택 가격 정보를 활용하여 각 동네의 사회 경제적 지위 점수를 만들었다. 점수가 높을수록 보다 부유하고 학력 수준이 높은 동네라는 것을 의미했다.

다음 [그림18] 중에서 왼쪽은 구불결장 점막 표본에서 채취한 장내 세균의 다양성 지표(세로축)와 동네의 사회 경제적 지위(가로축) 사이의 관련성을 보여 준다. 잘사는 동네일수록 다양성이 높아지는 것을 확인할 수 있다. 오른쪽은 대변에서 채취한 장내 세균의 다양성 지표인데, 역시 비슷한 결과를 보여 준다.

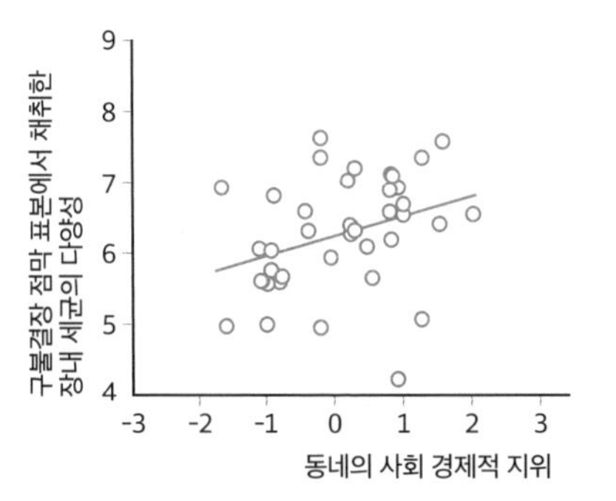

살고 있는 동네의
사회 경제적 지위가 높아질수록
구불결장 점막 세균의 다양성도 높아진다.

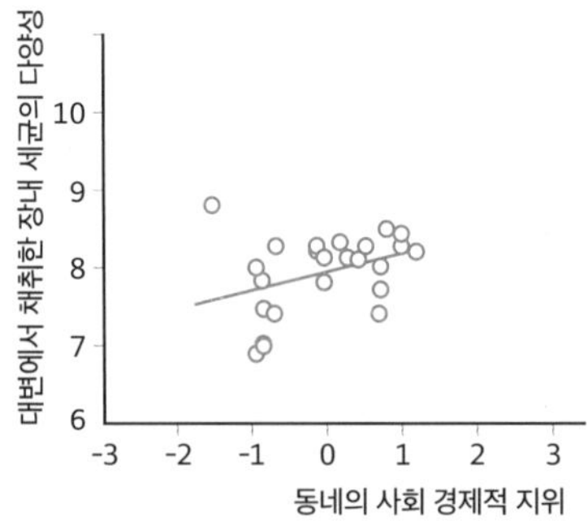

살고 있는 동네의
사회 경제적 지위가 높아질수록
장내 대변 속 세균의 다양성도 높아진다.

[그림18] 장내 세균 분포와 살고 있는 동네의 사회 경제적 지위 사이의 관계

장내 세균 무리의 다양성을 나타내는 지표들을 이용하여 분석한 결과, 동네의 사회 경제적 지위는 대장 미생물 다양성 변이의 11~22%를 설명하는 것으로 나타났다. 그리고 이러한 결과는 개인들의 성별, 연령, 인종, 비만도, 흡연과 음주 상태를 고려하고 난 이후에도 지속되었다.

또한 사회 경제적 지위가 높은 동네 주민일수록 구불결장 점막 세균 중 박테로이데스(Bacteroides)가 더 번성하고 프레보텔라(Prevotella)는 덜 번성하는 것으로 나타났다. 박테로이데스는 동물성 지방 섭취가 상대적으로 풍부한 식이를 반영하고, 프레보텔라는 탄수화물 중심의 식이를 반영한다. 즉 동네의 사회 경제적 지위에 따라 주민들의 식습관에 차이가 있음을 간접적으로 시사하는 것이라 할 수 있다.

불평등은 대변 속 세균 분포까지 관여한다

연구팀은 지역에 따라 장내 세균 분포가 왜 이렇게 다른지 그 원인과 중간 경로를 해명하지는 못했다. 하지만 가공식품 섭취, 신체 활동 부족, 복부 비만, 사회심리적 스트레스, 과도한 항생제 사용, 오염 물질이나 독성 요인 노출 같은 생활 습관 요인, 생태학적 요인은 장내 세균의 다양성을 저해하는 요인들로 알려져 있다. 그리고 이들은 모두 가난한 동네일수록 광범위하게 퍼져 있는 요인이기도 하다.

인간 몸에 상주하는 다양한 미생물에 대한 연구는 최근 굉장히 인기 있는 주제이다. 국내에서도 건강한 사람의 대변에서 추출한 장내 세균을 잘 낫지 않는 장염 환자에게 이식하는 시술이 성공해 언론에 화제가 되었고,[2] 건강한 장내 세균을 모아 두는 '대변 은행' 설립이 추진되고 있을 정도다.[3] 미국에서는 휴먼게놈프로젝트의 뒤를 잇는 '휴먼마이크로바이옴 프로젝트(Human Microbiome Project)'[4]가 2008년에 출범했다. 인간의 건강, 질병과 연관된 미생물들의 유전자 지도를 그리는 대규모 국가 프로젝트다.

아마도 이러한 연구들이 진행됨에 따라, 우리 몸에 상주하는 미생물 무리의 다양성과 규모가 어떻게 환경의 영향을 받는지, 또 그것들이 우리 건강에 어떻게 영향을 미치는지 더 잘 이해할 수 있게 될 것이다. 분명한 것은, 동네의 사회 경제적 환경이 우리 대장 점막, 대변 속 세균 같은 미생물 생태계에까지 영향을 미친다는 점이다. 사회 불평등이 건강에 부정적 영향을 미치는 것은 단지 '사촌이 땅을 사니 배가 아픈' 현상, 즉 '기분'의 문제가 아니라는 것이다. 이는 각자 식습관을 개선하고, 프로바이오틱스를 복용하고, 항생제 남용을 줄이는 것만큼이나 지역 간 불평등을 줄이는 것이 중요하다는 것을 말해 준다.

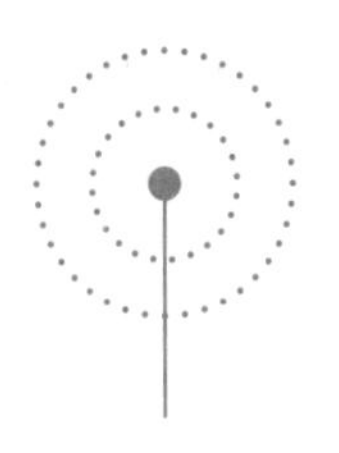

불평등은 수면을 잠식한다

수면 불평등의
사회 제도적 요인

흔히 낮에 깨어 활동하고 밤이면 잠자리에 드는 것을 '자연스럽다'고 생각한다. 지구 자전 주기와 조화를 이루는 인체의 생체 시계가 그렇게 진화해 온 탓이다. 잠은 비단 인간뿐 아니라 대부분의 생물에서 뇌와 신체 기능의 휴식, 회복에 중요한 역할을 한다. 인간에게 잠은 심리적으로나 생리적으로 회복 탄력성의 중요한 원천이면서, 동시에 휴식 이상의 의미도 갖는다.

국내에서 큰 인기를 끌었던 디즈니 애니메이션 〈인사이드 아웃〉이 잘 그려 낸 것처럼 잠을 자는 동안 학습과 기억이 강화된다. 또한 단백질 합성, 호르몬 분비, 자율신경계 조정 등에도 잠은 큰 영향을 미친다. 하지만 아직까지도 잠은 그저 개인의 습관, 심지어 아깝게 낭비되는 시간으로 간주되고는 한다. 의학이나 공중보건에서 잠이 중요하게 다루어지기 시작한 것도 비교적 최근 일이다. 양적, 질적 측면에서 잠이 충분치 못할 때 수행 능력 저하는 물론 교통사고와 산업재해 같은 안전사고, 기분 장애, 고혈압, 비만, 유방암과 대장암 등의 위험이 증가한다는 보고가 잇따르고 있다.

심혈관 질환의 불평등과 수면 불평등

하버드 의대와 카이저 재단 연구소의 공동 연구팀이 2015년《공중보건 연례 종설》에 발표한 논문은 특별히 잠의 불평등 문제에 주목하고 있다.[1] 인종적 혹은 사회 경제적 조건에 따라 심혈관 질환 발생의 불평등이 관찰되는데, 이것이 수면 불평등과 관계있다는 것이다. 이 논문은 이러한 주장을 뒷받침하기 위해 심혈관 질환의 사회 경제적 불평등, 수면의 사회적 결정요인, 수면과 심혈관 질환을 연결하는 생리적 기전에 관한 기존의 연구 결과들을 종합했다.

사실 심혈관 질환의 불평등에 대해서는 이미 잘 알려져 있다. 서구에서는 학력, 직업 계층, 소득 같은 사회 경제적 지위가 낮을수록 심혈관 질환의 발생률이나 그로 인한 사망률이 높다는 연구 논문들이 다수 출판되었고, 국내에서도 여러 논문들이 이를 확인했다. 예컨대 국내 서베이 참여자를 12년 동안 추적 조사한 결과에 따르면 사무직 종사자에 비해서 기능직이나 기타 직종의 직업을 가진 이들의 심혈관 질환 사망률은 2~3배 높았다. 또한 가구원 수를 고려한 가구 소득을 이용해 5개 집단으로 구분한 경우, 최고 소득 군에 비해 최저 소득 군의 심혈관 질환 사망률이 1.55배 높았다.[2]

그런데 심혈관 질환 발병에 영향을 미치는 많은 요인들이 수면의 양이나 질과 관계있다. 대표적으로, 수면 부족은 체중 증가와 비만을 야기하며 고혈압, 당뇨병 발병 위험을 높인다. 예컨대 수면 이상은 그렐린이나 렙틴 같은 식욕 조절 호르몬에 영향을 미쳐서 배고픔을 느끼게 만들고 열량 섭취를 증가시킨다. 수면 박탈 상태인 사람의 뇌 영상을 찍어 보면, 보상 행동과 관련된 부분이 활성화되는 것을 알 수 있다. 또한 수면 부족 때문에 피로감을 느끼면 당연히 운동 같은 신체 활동이 줄어들고 이는 결국 체중 증가로 이어진다. 15편의 논문을 종합한 분석 결과에 따르면, 수면 시간이 짧아질 경우 관상동맥 질환 위험이 정상 수면에 비해 약 1.5배 증가하고, 뇌졸중 위험도 1.2배 증가하였다. 또한 중등도 이상의 수면 무호흡증은 심혈관 질환 위험을 30%나 증가시켰다. 한편, 지나치게 긴 수면 시간도 역시 문제를 일으켰다.

문제는 잠이 그저 개인의 습관이나 선택이라기보다 사회 경제적 조건에 영향을 받는다는 점이다. 그러한 잠의 사회적 분포는 심혈관 질환의 사회 경제적 불평등을 설명하는 중요한 기전이 된다. 연구팀은 개인 특성부터 사회 제도적 요인까지, 수면 불평등의 결정요인들을 검토했다.

우선 생활양식 측면에서, 사회 경제적으로 취약한 조건에 처한 경우 영양 불량, 신체 활동 부족, 음주, 담배 연기에 더 많이 노출된다. 이들은 모두 수면의 질에 부정적 영향을 미치는 것들이다. 또한 물리적 환경 측면에서, 가난한 동네에 사는 경우 소음이나 빛 공해, 대기 오염 물질, 범죄 같은 요인들에 더 많이 노출된다.

뿐만 아니라 사회적 관계, 특히 어린이들의 경우 가족의 영향이 매우 중요하다. 바람직하지 못한 양육 스타일, 가족의 질병이나 사고, 부모의 우울증, 부모의 야간 교대 근무, 가정 폭력 같은 것들은 자녀의 수면에 부정적 영향을 미친다. 또한 (인종) 차별 경험도 수면 중단, 깊은 잠에 들기 어려움, 일과 중 피곤함과 관련이 있었다.

잠의 양과 질에 영향을 끼치는 거시적인 요인들

보다 거시적인 요인들도 잠의 불평등을 초래한다. 가장 대표적인 것이 고용 조건과 근로 환경이다. 실업은 물론, 교대 근무, 장시간 연장 근로, 직무 스트레스가 수면의 양과 질에 부정적 영향을 미친다는 점은 이미 잘 알려져 있다. 그런데 이러한 근로 환경은 대개 저임금 생산직이나 서비스직 노동자, 비정규직 노동자, 영세 자영업자들의 몫이다.

시민건강연구소가 2013년에 국제노동기구(ILO)의 의뢰로 시행한 연구에서도 이러한 사회적 요인의 중요성을 확인할 수 있었다.[3] 24시간 돌아가야 하는 병원의 특성상 야간 근무가 중요한 문제로 제기되었는데, 만성 피로, 탈진, 불면증, 소화불량, 위-식도 역류, 위염 같은 증상이 흔했고 약이나 술의 도움 없이는 잠들지 못하는 경우도 있었다.

"(간호사가) 자기가 쉬는 날에는 아무것도 하지 않고 잠만 잔대요. 아무것도, 정말 아무것도 하지 않고 애가 옆에 와서 엄마 엄마 이렇게 불러도 화가 버럭 나고 자기 전두엽이 망가진 것 같다고 그렇게 표현을 해요." (노동조합 활동가)

"응급실 같은 경우는 MI(myocardial infarction, 급성심근경색), DKA(diabetic ketoacidosis, 당뇨성 케톤산증) 오면 다 봐야 되고. 누구 하나 미룰 수가 없는데 새벽 2시에 정신도 멍해지고 이미 그 전에 올린 환자 차트 정리도 다 못 한 그런 상태에서 보다 보면 속이 타죠. 그렇게 당직을 선 날은 한 달씩 수명이 줄어드는 것 같은 기분을 느껴요." (전공의)

"잠을 잘 못 자게 되니까 우울해지고 (…) 아무것도 안 먹고 자 버리니까 일어나서 또 폭식을 하고 식습관에도 영향을 미치고. 그러다 보니까 나중에 분노도 좀 조절이 잘 안 되고. (…) 제가 막내로 일할 때 "선생님, 저 요즘 계속 성격이 이상해지는 것 같다"고 그랬더니 나이트 하면 원래 그렇게 된다고." (야간 전담 의료 기사)

보건의료 부문의 교대 근무와 장시간 노동 현황을 파악하기 위해
시민건강연구소가 진행한 면담 내용

반면, 사회 제도는 수면 문제를 완화시키는 데 긍정적 역할을 할 수

있다. 예컨대 미국의 한 고등학교에서 시행한 연구에 의하면 등교 시간을 8시에서 8시 30분으로 늦춘 결과, 학생들의 수면 시간이 평균 45분 늘어났고 최소 8시간 이상 자는 학생의 비율도 16.4%에서 54.7%로 늘어났다. 또한 수면과 관련한 학생들의 만족도가 유의하게 높아지고, 낮의 졸림이나 피곤, 우울한 기분, 피로 문제 때문에 학교 보건실을 방문하는 빈도가 줄어들었으며 수업 집중도도 향상되었다.[4] 또한 24시간 운영을 피할 수 없는 병원의 경우, 전공의들의 주당 최대 근무 시간을 제한한 결과 이들의 건강과 안녕은 물론 환자 안전에도 긍정적인 영향을 미쳤다는 연구도 있다.[5,6] 소득이나 재산과 마찬가지로, 사회적 불평등은 수면의 양과 질에도 영향을 미치며, 바람직한 제도는 이를 완화하는 데 도움이 된다는 것이다.

사실 인간의 생체 시계가 이토록 혼란을 겪게 된 것은 인류 역사에서 보면 매우 최근 일이다. 지구상에 호모 사피엔스가 출현한 것이 약 20만 년 전인데 비해, 에디슨이 전구를 발명하고 오늘날의 365일/24시간 체제 자본주의가 정착하는 데 걸린 시간은 불과 150년이다. 하지만 사회적 시계가 생체 시계보다 점차 큰 힘을 발휘하는 듯 보인다. '가장 개인적인 것이 정치적인 것'이라는 페미니즘의 명제는 수면에도 적용된다.

사회 불평등은 우리의 수면을 잠식하고, 이는 더 큰 건강 불평등 문제로 이어지고 있다. 잠은 고요한 꿈나라가 아니라 현대 사회의 격전장이자 불평등의 정치적 공간이 되고 있다. 건강하게 잠잘 권리, 잠의 평등권을 요구해야 한다.

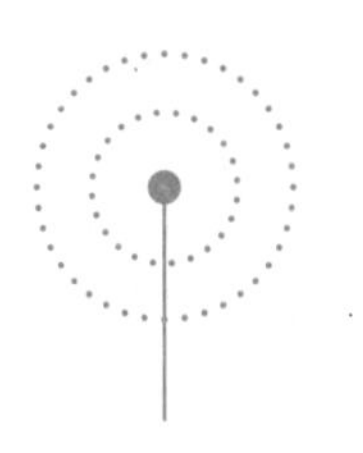

불평등은 어떻게 우리 몸에 새겨지는가

인간의 몸에 새겨진
불평등의 흔적들

2016년 말 한국의 소득 불평등이 주요 국가들 중 세계 2위라는 국회입법조사처의 분석 결과가 보도되면서 사회적으로 크나큰 반향이 일었다.[1] 분석 결과에 따르면 2012년 기준 한국의 상위 10% 소득 집중도는 44.9%로, 미국(47.8%) 다음으로 높았다. 1995년 대비 상승폭(15.7%포인트)을 기준으로 하면 싱가포르(11.7%포인트), 미국(7.3%포인트), 일본(6.5%포인트) 등을 앞질러, 불평등이 가장 심화된 국가로 나타났다.

불평등한 사회에서 상위 10%에 집중되는 것은 소득만이 아니다. 가장 높은 사회 경제적 지위를 점유한 집단은 그보다 낮은 지위를 지닌 중간층보다, 중간층은 최하위 집단에 비해, 더 건강하게 오래 사는 불평등의 기울기가 존재한다. 학계에서는 이를 '건강의 사회 경제적 기울기(social gradient of health)'라고 한다. 건강 불평등은 최고 부유층과 극단적 빈곤층 사이만의 문제가 아니라, 소득이나 자원 측면에서 차이가 발생하는 만큼 건강에서도 차이가 발생한다는 것이다. 예컨대 영국의 유명한 '화이트홀 연구'는 극단적 부유층도 없고 극단적 빈곤층도 없는 공무원을 대상으로 한 연구였지만, 직급이 한 단계 높아질 때마다 뚜렷한 건강 차이를 확인할 수 있었다.[2]

건강의 사회 경제적 기울기는 악성 흑색종과 유방암 등 극히 일부 질병을 제외한 다양한 건강 지표들에서 확인되며, 또 잘사는 선진국에서도 관찰된다.[3] 즉, 건강의 사회 경제적 기울기는 그 사회의 불평등과 분리될 수 없는 사회적 '실재'인 것이다.

클라이드 헤르츠만의 '생물학적 뿌리내림'

그런데 어떻게 사회적 실재인 '불평등한 사회'가 '인간의 몸'이라는 생물학적 실재로 발현될 수 있을까? 이와 관련하여 캐나다의 사회역학자 클라이드 헤르츠만(Clyde Hertzman)은 '생물학적 뿌리내림(착근, biological embedding)'이라는 개념을 제시했다. 생물학적 뿌리내림이란 불평등한 사회 내에서 겪는 경험들이 몸속으로 들어와 건강에 영향을 미치는 생물학적 과정의 변화를 형상화한 개념이다.[4] 사회적 환경이 견고한 방식으로 생물학적 과정, 발달 과정을 변화시킴으로써 장기적인 건강 영향을 초래할 수 있다는 이러한 관점은 생애 과정 전체, 특히 초기 아동기 환경의 중요성을 강조한다.

인간의 몸에 새겨진 불평등의 흔적들을 찾기 위해, DNA 메틸화, 시상하부-뇌하수체-부신 축으로 이어지는 스트레스 호르몬 체계, 신경 구조의 변화까지 여러 경로들을 탐색하는 연구들이 활발하게 이루어지고 있다. 최근에는 그중에서도 특히 '염증' 반응이 큰 관심을 얻고 있다. 염증은 심혈관 질환은 물론 암이나 대사성 질환 등의 주요 경로로 알려져 있다. 지난 2016년 《네이처》의 자매지 《사이언티픽 리포트》에 발표된 유럽 공동 연구팀의 논문은 전 생애 기간 동안의 사회 경제적 위치가 인간의 염증 체계에 어떻게 흔적을 남기는지 확인하고자 했다.[5]

연구팀은 '유럽 암과 영양에 관한 전향적 코호트' 자료 중 이탈리아 표본 268명을 대상으로 생애 초기, 성인기-전기(前期), 성인기-후기(後期)의 사회 경제적 지위와 현재의 염증 상태 사이에 어떤 연관이 있는지 추적했다.

염증 상태는 사이토카인(Cytokine), 케모카인(Chemokine), 성장인자(Growth Factor) 등 총 28개 염증 지표의 혈중 농도를 통합하여 구성한 염증 점수(범위 : 0-27점)로 평가했다.[6] 점수가 높을수록 염증 부담이 크다는 것을 의미한다. 생애 기간 동안의 사회 경제적 지위는 다음의 세 가지 지표로 측정하였다.

생애 초기 : 아버지의 직업 지위(블루칼라/화이트칼라)

성인기 - 전기 : 본인의 교육 수준(낮음/높음)

성인기 - 후기 : 본인 또는 배우자의 직업 지위 중 높은 것(블루칼라/화이트칼라)

사회 경제적 지위가 인간의 염증 상태와 맺는 상관관계

연구의 주요 결과는 다음과 같았다.

첫째, 생애 초기에 아버지의 직업 지위가 블루칼라였던 경우, 화이트칼라인 경우에 비해 염증 점수가 높았다. 이는 성인기의 사회 경제적 지위를 나타내는 '본인의 교육 수준'과 '본인 또는 배우자의 직업 지위 중 높은 것', 그리고 성별, 연령, 비만도와 흡연 같은 여타 요인들을 고려해도 여전히 지속되었다.

둘째, 생애 기간 동안의 사회 경제적 지위 변화와 염증 점수 사이의 관계를 분석한 결과, 낮은 사회 경제적 지위에서 상향 이동을 한 집단(아버지가 블루칼라 → 본인 또는 배우자가 화이트칼라)은 사회 경제적 지위가 지속적으로 높았던 집단(아버지가 화이트칼라 → 본인 또는 배우자도 화이트칼라)에 비해 염증 점수가 높았다.

연구는 사회 경제적 지위가 낮은 것이 염증 부담의 상승과 관련 있음을 확인했다. 특히 성인기의 건강 불평등이 생애 초기의 사회 경제적 불평등으로부터 기인한다는 것을 보여 주었다. 또한 자녀 세대에서 사회 경제적 지위가 상승한 경우에도, 부모의 낮은 사회 경제적 지위는 자녀의 높은 염증 부담으로 대물림되었다. 연구팀은 상향 이동 자체가 염증 부담을 야기할 수 있다고 설명하면서, 추가 연구가 필요하다고 덧붙였다.

이러한 연구 결과를 상위 10%가 전체 소득의 절반을 독식해 가는 한국 사회에 적용해 보면 끔찍한 미래가 예상된다. 오늘날의 극심한 불평등을 만드는 데 조금도 기여한 바가 없는 아이들이, 이 불평등으로 인해 향후 15년, 20년 후 성인이 되었을 때 높은 염증 부담과 만성 질환의 부담을 감당해야 한다는 것이다. 오늘날의 소득 불평등은 아이들 몸에 새겨져 수십 년 후 다시 한 번 건강 불평등으로 재현될 것이다.

사회 불평등은 우리 몸에 깊은 상흔을 남기고, 그 상흔은 우리가 생각하는 것보다 훨씬 오래 지속된다. 그렇기 때문에 평등한 사회가 간절하며, 특히 모든 어린이들이 출발선에서부터 평등한 시작을 할 수 있게끔 만드는 것이 중요하다.

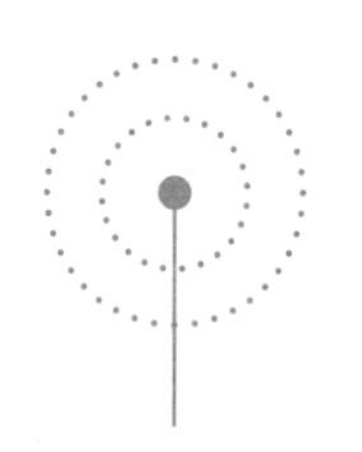

몸은 과거를 기록한다

1장에서 건강의 사회적 결정요인들 중 일상의 생활 조건들을 살펴보았다면 2장에서는 차별과 부패, 불평등 같은 좀 더 거시적인 문제를 다루었다. 이들은 민주주의와 인권, 사회정의 차원에서 중요한 문제이며, 동시에 매우 중요한 '건강 결정요인'이기도 하다.

하퍼콜린스 사회학 사전에 의하면 차별이란 '사회적으로 정의된 특정 집단의 구성원(들)이 그 집단에 속한다는 이유 때문에 타인들과 다르게, 특히 부당하게, 대우받는 과정'을 말한다. 차별의 근거가 될 수 있는 속성들은 다양한데 성별, 인종/민족, 성적 지향, 종교, 장애, 출신 지역 등의 요소들이 널리(?) 활용되고 있다. 국제 학술 문헌에는 자주 등장하지 않지만 국내에서는 학벌이나 정규직 여부도 중요한 차별의 요소들이다.

미국 하버드 대학교의 낸시 크리거(Nancy Krieger) 교수는 차별과 건강의 관계를 '차별의 생물학적 발현'이라는 개념으로 설명했다. 예컨대 그녀는 여러 경험적 연구에서 나타난 결과들을 토대로 미국에서 흑인의 혈압 수준이 백인보다 높은 이유를 다섯 가지로 요약했다. 첫째, 흑인들은 인종에 따른 거주 분리, 직업 분리 때문에 좋은 슈퍼마켓이 없는 동네에 살게 될 가능성이 높다. 따라서 적정한 비용으로 바람직한 식생활을 하기 어렵다. 지방이나 염분이 높고 채소 섭취가 적은 식생활은 고혈압 위험을 증가시킨다. 둘째, 흑인들은 거주 분리로 인해 토양이 오염되고 납 성분 페인트가 많은 지역에 거주할 가능성이 높다. 이로 인해 납 노출이 증가하고, 이는 콩팥 생리에 부정적 영향을 미쳐 고혈압 위험을 증가시킨다. 셋째, 인종차별을 깨닫거나 예상하는 것은 공포와 분노를 촉발시키기 마련이다. 이는 지속적인 높은 혈압 상태로 이어질 수 있다. 넷째, 흑인이 많이 거주하는 가난한 동네일수록 알코올 판매가 집중되는 경향이 있다. 이러한 환경은 과도한 알코올 섭취를 조장하고, 이 또한 고혈압 위험을 증가시킨다. 다섯째, 흑인들은 제대로 된 의료보험에 가입할 가능성이 낮은데, 그러다보면 고혈압 조기 발견과 관리가 제대로 이루어지기 어렵다.[1] 이러한 경과를 한마디로 정리하면 '생물학의 인종화된 발현'이라고 할 수 있다. 생물학과 사회학이 경계를 넘나들며 상호작용하는 것이다. 성 소수자뿐 아니라 성 소수자를 혐오하고 차별하는 이들의 건강도 나빠지는 것, 이주 아동이 제때 의료 이용을 할 수 없는 것, 미등록 이주 노동자에 대한 단속이 당사자만이 아닌 지역사회 전체에 부정적 영향을 가져온 것 또한 생물학만으로 혹은 사회학만으로 결코 설명할 수 없다.

우리는 부패, 민주주의, 투명성 같은 '추상적' 요소 또한 우리 건강의 중요한 결정요인이라는 것을 확인할 수 있었다. 노벨경제학상 수상자이자 건강권의 강력한 옹호자인 하버드 대학 아마티아 센(Amartya Sen) 교수는 『자유로서의 발전』(갈라파고스, 2013)에서 민주주의의 중요성을 세 가지 덕목으로 요약한 바 있다. 그 자체로서의 내재적 중요성, 다른 가치를 위한 도구적 기여, 가치와 규범의 창조 과정에서 갖는 구성적 역할이 그것이다. 그의 지적대로 민주주의는 "말라리아를 고치는 키니네처럼 자동적인 질병 치료제는 아니"지만, 자유로운 문제 제기와 정부 감시, 개방적인 토론을 통해서 건강에 긍정적 영향을 미칠 수 있다. 예컨대 인도 케랄라 지역에서는 여성들의 문해력 증진과 지역사회 토론을 통해 여성 건강에 심각한 위해를 초래하는 높은 출산율 문제를 해결할 수 있었고, 반면 정부를 감시할 수 있는 민주적 언론과 야당의 부재는 중국에서 대약진 운동으로 인한 심각한 기근, 그로부터 촉발된 대규모 사망 사태를 초래했다. 해외 사례를 들 것도 없다. 지난 2015년 한국에서 메르스 유행이 시작되었을 때 정부의 비밀주의적 행태와 정보 통제가 어떤 폐해를 가져왔는지 우리는 몸소 체험했다. 또한 민주주의 문제는 정부 혹은 정부와 기업의 부정한 결탁에만 국한되지 않는다. 작업장 내부의 민주주의 실종, 시민사회를 잠식하는 '가짜 민주주의'는 그 자체로 문제일 뿐 아니라, 이미 발생한 문제의 해결까지 어렵게 만든다. 소위 '낙하산 기업'에서 노동자들의 산재 사망이 더 많은 것, 담배 기업들이 가짜 풀뿌리 단체를 우회적으로 지원하여 담배 규제를 막아서게 한 것은 부패와 가짜 민주주의의 건강 폐해가 얼마나 직접적이고 강력할 수 있는지를 잘 보여 준다.

한편 2장에서는 사회적 불평등과 차별이 우리 몸에 어떻게 상흔을 남기고 건강 불평등으로 이어지는지 생물학적 기전을 탐색하는 연구 결과들을 소개했다. 두 편의 글이 '염증' 반응에 주목했지만, 염증이 유일하거나 가장 중요한 기전은 아니다. 매우 다양한 생물학적 과정들이 건강 불평등에 관여한다. 행동학적 변화도 중요한 요소이다. 우리는 스트레스 상황에서 담배나 술에 빠져들기도 하고, 근무 조건이나 열악한 주거 환경 때문에 불면증, 수면 장애에 빠지기도 한다. 1장에서 소개한 '이항상성 부하(allostatic load)' 개념은 이를 종합한 것이라 할 수 있다.

스트레스 반응으로서의 이항상성 부하에 대한 세계적 권위자인 미국 록펠러 대학 신경내분비연구소의 매퀸(McEwen BS) 교수 연구팀은 스트레스-뇌 발달-심장 질환을 잇는 중요한 단서를 제시한 바 있다. 실시간 뇌 영상을 분석한 결과, 어린 시절 사회 경제적으로 어려운 환경에 처했던 청년들일수록 화난 얼굴 사진에 '편도체(amygdala)'가 활성화되는 경향이 강했다. 편도체는 스트레스 반응을 매개하는 중추인데, 아동기에 반복적인 스트레스 상황을 겪으면서 말하자면 편도체의 '세

팅'이 바뀌게 된 것이다. '자라 보고 놀란 가슴 솥뚜껑 보고 놀란다'는 속담이 아마도 여기에 해당할 것이다. 유복하게 자란 이들에게는 화난 얼굴 사진이 그저 한 장의 사진일 뿐이지만, 사회적 곤경을 많이 경험한 이들은 자신도 의식하지 못하는 사이에 이를 어떤 '위협'으로 받아들이고 있었다. 그리고 이렇게 편도체가 과잉 반응하는 청년일수록 심혈관 질환의 전구단계인 경동맥의 동맥경화 상태가 심한 것으로 나타났다.[2,3] 이들은 유복한 유년기를 보낸 이들에 비해 장년기의 심혈관 질환 발생률이 훨씬 높을 것이다. 사회적 역경은 아동 초기의 스트레스 반응 촉발을 통해 뇌 발달을 변화시키고 그 부정적 영향은 생애 후반기까지 지속된다.

뿐만 아니라, 사회적 역경은 유전자에도 영향을 미친다. 유해한 환경에서의 독성 물질 노출은 직접적인 유전자 손상으로 암을 일으킬 수 있다. 또한 만성적 스트레스는 유전자 조절과 발현에 영향을 미쳐 다양한 건강 결과를 초래할 수 있다. 이런 현상을 '후성유전적(epigenetic)' 변화라고 하는데, 이는 유전자 자체의 변화가 아님에도 세대를 넘어 효과가 지속된다.

이 모든 것은 헤르츠만 교수의 '생물학적 뿌리내림(착근, biological embedding)' 혹은 '사회 불평등의 체현(embodiment)'이라고 명명할 수 있다. 영국 임페리얼 컬리지의 블레인(Blane D) 교수는 이러한 현상에 대해 "사회는 문자 그대로 체현되고, 몸은 과거를 기록한다"[4]고 썼다. 실로 무시무시한 일이 아닐 수 없다.

3

제도, 기술, 정치가 우리를 보호하지 않을 때

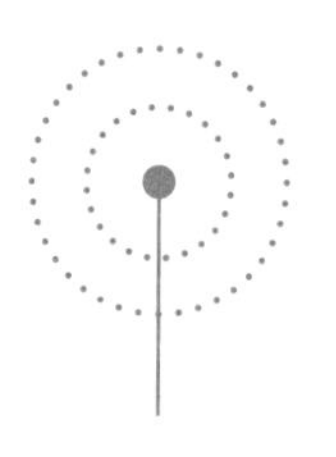

무책임한 산재보험, 죽음을 부른다

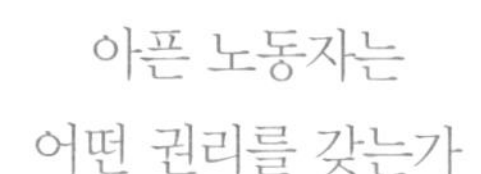

아픈 노동자는
어떤 권리를 갖는가

2017년 9월 스스로 목숨을 끊은 한 집배원의 유서에는 "두렵다. 이 아픈 몸 이끌고 출근하라네. 사람 취급 안 하네"라고 적혀 있었다. 동료들의 증언에 의하면, 그는 한 달 전 우편물 배달을 하다 중앙선을 침범한 승용차와 충돌하면서 차량과 오토바이에 다리가 깔리는 사고를 당했다고 한다. 3주 병가에 2일 연차를 썼지만 몸은 낫지 않았다. 그가 목숨을 끊은 것은 우체국으로부터 내일 복귀할 것인지 묻는 전화를 받은 후였다. 출근 종용은 그가 사고로 입원했던 초기부터 계속되었다고 한다. 그해 12월 31일까지 무사고 1000일을 달성해야 우체국이 가산점을 받기 때문이다. 그가 업무 중 교통사고를 당했음에도 산업재해(산재)로 처리하지 않고 개인 휴가인 병가와 연차를 써야 했던 이유다.[1]

산재를 당한 노동자가 몸이 회복될 수 있을 만큼 충분히 쉴 수 있었다면 이런 죽음을 막을 수 있을까? 일을 하다 다치거나 병을 얻은 노동자는 어떤 권리를 가질 수 있을까? 그 권리는 어떠한 제도를 통해서 실행될 수 있을까? 이러한 질문에 답을 하려면 산재보험뿐 아니라 이를 둘러싼 다른 제도들과 그것을 구성하는 행위자들의 상호작용을 살펴보아야 한다.

2017년 8월 국제 학술지 《사회과학과 의학》에 실린 콜롬비아 폰티피시아 자베리아나 대학 연구팀의 논문은 신자유주의적 복지 제도 개혁 이후 달라진 산재보험 체계가 산재를 당한 노동자들의 경험에 끼친 영향을 보여 줌으로써 앞선 질문에 답변의 실마리를 제공한다. 연구팀은 콜롬비아 산재보험 체계와 관련한 주요 법안들을 검토한 후, 2014년 5월부터 2016년 3월까지 관련 기관 종사자 32명, 산재 인정을 받기 위해 싸우고 있는 노동자 22명을 심층 인터뷰하고 이를 분석했다.[2]

콜롬비아 광부의 사례

콜롬비아의 산재보험 제도는 1993년 사유화된 일반 사회보장 체계에 속해 있다. 당시 '사유화' 개혁은 건강보험, 연금, 산재보험을 세 개의 독립된, 하지만 상호 연결된 개별 보험으로 분리했다. 노동자가 일하다 다치거나 병이 들어 수급을 신청하게 되면 세 개의 영리 부문, 즉 건강보험 회사, 연기금 행정 회사(민간 시장에서 적립식 개인연금 계좌 운영), 산재보험 회사(공공-민간 파트너십을 맺은 한 개의 산재보험사를 제외하면 모두 민간 업체)가 각자의 이익을 두고 각축을 벌이게 된다. 논문에 소개된 한 사례를 살펴보자.

21년차 광부 A는 산재보험사가 산재보험금 지급을 거부한 여섯 가지 질병을 앓고 있다. 그는 2002년 난청을 진단받으며 처음 산재보험의 세계에 발을 들였다. 그가 일터에서 자주 사용하던 압축 공기 권총에서 발생하는 소음 때문에 난청이 발생한 것으로 추정되어, 2005년 건강보험사는 이를 '업무상 질환'으로 인정했다. 그러나 2006년 산재보험사는 이를 업무와 관련 없는 '일반 질환(common illness)'이라고 판단했다. 이에 A는 이의를 제기하며 지역질병판정위원회(질판위)에 청원을 넣었다. 이는 보험회사와 노동자 사이의 분쟁을 해결하고 중재자 역할을 하는 기관이다. 지역 수준의 지역질판위와 국가 수준의 중앙질판위가 존재하는데 둘 다 사설 기관이다.

산재 인정은 다른 사회보장 급여에도 중요한 영향을 미친다. 콜롬비아에서는 업무상 질환/사고의 경우, 그렇지 않은 경우에 비해 퇴직금을 비롯하여 더 나은 조건의 연금을 받을 수 있다. 일터로 돌아간 이후 더 길게 병가를 쓸 수 있느냐, 직무 재배치를 받을 수 있느냐 역시 '업무상 질환' 인정 여부와 직결된다.

이렇듯 보험금 지급을 서로 떠미는 건강보험사와 산재보험사 사이에서 조정을 맡게 된 지역질판위는 산재보험사의 편을 들어 A의 사례를 중앙질판위에서 재검토하도록 넘겼다. 수개월 후 중앙질판위 역시 산재보험사의 편을 들어 A의 난청을 '일반 질환'으로 결론 내렸다. A는 사법부가 이를 바로잡아야 한다고 생각해서 산재보험사에 대해 민사 소송을 제기했지만 결국 패소했다. 심지어 산재보험사가 쓴 소송 비용까지 물어 줘야 했다. 이때가 2014년이었다.

2002년에 발병한 난청에 대해 2014년 최종 판결이 나기까지, 그동안 광부 A에게는 진폐증, 요통, 어깨 회전근개 손상, 손목터널증후군 같은 또 다른 직업성 건강 문제가 속속 드러났다. 그리고 이 질병들 역시 건강보험사와 산재보험사의 평가 불일치, 지역과 중앙질판위의 '기울어진 중재'들이 기다리고 있었다. 진폐증의 경우, 지난한 과정 끝에 2012년 12월, 중앙질판위로부터 소득 능력 상실률 26.2%라는 평가와 함께 직업성 질환으로 인정받았다. 콜롬비아에서는 상실률이 50%를 넘어야 장애 연금을 받을 수 있다. 문제는 이 50% 요건을 충족시키는 노동자가 거의 없다는 점이다. 또한 업무상 장애일 경우에는 산재보험사를 통해 연금을 받고, 업무와 관련이 없는 장애의 경우는 연기금회사를 통해 연금을 지급받게 된다. 즉 업무상 사고/질환의 보상 여부를 두고 건강보험사와 산재보험사가 미루기를 했다면, 이제 장애 연금을 두고 연기금 회사와 산재보험사가 다투는 것이다.

다시 광부 A의 이야기로 돌아가 보자. 다행히 직업성 진폐증을 인정받았지만, 이미 그는 빚더미에 올라앉아 있었다. 집은 압류되었고, 자녀들 교육은 물론 생계를 유지하기조차 어려웠다. 그는 왜 사람들이 마지막 선택으로 자살을 하는지 비로소 이해할 수 있게 되었다고 말했다. 이후 그는 5년 동안 우울증 치료를 받았는데, 이에 대해서도 어김없이 건강보험사와 산재보험사의 떠넘기기가 계속되었다. 다행히 중앙질판위 중재 끝에 이를 업무상 질환으로 인정받았다. 그리고 산재보험사가 A에게 퇴직금을 지급하게 되었는데, 퇴직금은 오직 진폐증, 손목터널증후군, 어깨 근육 파열 세 가지에 대해서만 산정되었고, 미화 3만 달러, 약 3400만 원에 불과했다. A는 그동안 그가 얻은 직업병 전체에 대한 소득 능력 상실률을 평가해 달라고 요청했다. 자신의 모든 질병을 합하면 장애 연금을 받을 수 있는 50%를 넘을 것이라고 생각했던 것이다. 하지만 지역질판위는 오직 진폐증과 우울증만 포함하여 소득 능력 상실률을 29.75%로 통보했다. 이번에는 자포자기의 심정으로 연기금회사에 장애 연금을 신청했더니 소득 능력 상실률이 50%를 훌쩍 뛰어 넘는 80.14%로 나왔다. 그럼에도 A는 연기금회사를 통해 장애 연금을 받을 수가 없었다. 왜냐하면 그가 가장 최근에 진단받은 질병인 우울증이 이미 직업병으로 분류되어 있었고 직업성 질환은 연기금회사가 아닌 산재보험사를 통해서 연금을 지급받아야 하기 때문이다. 그러나 이제 A에게는 더 이상 산재보험사에 연금 신청을 할 기운이 남아 있지 않았다. 연구팀이 A를 인터뷰하던 때는 A가 난청으로 처음 산재를 신청한 후 149개월이 지난 후였다.

아픈 노동자의 세계에서 보이지 않는 국가

2016년 3월 기준, 콜롬비아에서 산재 신청 후 지급에까지 걸리는 기간은 최종 판결을 기준으로 업무상 사고 58.9개월, 업무상 질환 59.7개월이었다. 연구팀은 산재보험사가 가장 큰 노력을 쏟는 일은 노동 과정에서 발생한 건강 문제에 대해 업무와 관련이 없는 '일반 질환/사고(common illness/accident)'임을 주장하는 것이라고 비판했다. 산재보험사는 건강보험사와 연기금 회사가 노동자들의 건강보험 비용, 병가, 연금을 충당하게 만듦으로써 이익을 얻고 있었다.

또한 연구팀은 노동자들이 산재 후 일터로 돌아간다고 해도 결국 해고될 가능성이 높다는 사실을 확인했다. 직접 해고하지 않더라도 고용계약이 갱신되지 않거나, 업무 재배치 후 직장 내 괴롭힘으로 인해 '자발적' 사직을 하는 경우가 드물지 않았던 것이다. 이러한 결과는 노동자가 다른 일자리를 찾는 것을 어렵게 만들고, 나중에 퇴직금과 연금 수급에도 불리해질 뿐 아니라 결국 빈곤에 빠질 가능성을 높인다. 반면 회사와 산재보험사에는 '쓸모없는 노동자'에 대한 비용 지출과 의무에서 벗어날 기회를 제공한다.

이러한 사실로부터 알 수 있는 것은 노동자의 건강, 업무상 사고와 질병에 대한 보장은 업무 기인성을 둘러싼 기술적 문제라기보다 사회보장과 노동권을 아우르는 구조적 맥락의 문제라는 점이다.

이 연구는 신자유주의 복지 개혁에 따라 국가가 제공하던 복지가 민간 보험회사들 몫으로 넘어간 후의 상황을 배경으로 한다. 업무상질병판정위원회만이 비록 민간 기구이지만 중재자의 역할을 할 뿐, 국가는 다치고 아픈 노동자들의 세계에 사실상 모습을 드러내지 않는다. 논문에서 묘사한 모습을 보면, 지역과 중앙 질판위 사무실 주위에는 안내 책자를 든 변호사들이 우글거린다. 자신들의 사고와 질병을 업무상 재해로 인정받고 싶은 노동자 대부분은 그들을 고용할 수밖에 없다. 여기서 한 가지 놓치지 말아야 할 부분은, 승소할 확률이 낮고 빚더미에 올라앉을지도 모르지만 그나마 변호사를 고용해 산재 소송이라도 제기할 수 있는, 즉 산재보험에 가입된 노동자가 전체 노동인구의 32.5%밖에 되지 않는다는 점이다.

'인간'을 중심에 둔 제도는 불가능한 것일까

콜롬비아의 상황이 극단적 사례처럼 보이지만, 논문 내용 중 사유화된 보험 부분만 제외하고는 한국 상황과 크게 다르지 않다. 우선 산재를 인정받기 어려운 상황이 비슷하다. 아마도 한국에서 가장 잘 알려진 직업병 인정 사례 중 하나가 삼성반도체에서 일하다 백혈병으로 숨진 고(故) 황유미 씨의 경우일 것이다. 고인이 백혈병으로 사망한 것이 2007년이었는데 산재 신청과 불승인, 행정소송 절차를 거쳐 최종적으로 산재 인정을 받은 것이 2014년이다.[3] 그리고 여전히 많은 노동자가 산재 인정을 받기 위해 고군분투 중이다. 업무상 질병이나 사고로 인정받기 위한 입증 책임이 피해 노동자 당사자에게 있기 때문이다.

그나마 신재 신청을 할 수 있는 노동자는 사정이 낫다고 할 수 있다. 산재를 신청해 볼 엄두조차 못 내는 노동자들이 많다. 2017년에 김상화 의원실이 발표한 자료에 의하면, 지난 3년간 평균 933건의 산재 은폐가 적발되었으며 그중 고용노동부가 근로 감독 등으로 직접 적발해 낸 건수는 평균 11.6%에 불과했다.[4] 하청이나 파견 같은 불안정 고용 노동자들의 경우에는 산재를 드러내는 것 자체가 매우 어렵다.

또한 산재를 인정받는다고 해도 이후 재활과 업무 복귀 역시 첩첩산중이다. 아래 글은 2015~2016년 스마트폰 제조 과정에서 메탄올 중독으로 실명한 노동자들의 산재 신청과 재활을 지원했던 노동건강연대 활동가의 인터뷰 내용이다.[5] 사회적으로 큰 파장을 일으키면서 이례적으로 일주일 만에 산재가 승인된 사례들이었음에도 산재 신청과 요양, 재활 급여를 받는 과정은 순탄치 않았다. 콜롬비아처럼 민간 보험회사들끼리 각축을 벌이는 것은 아니었지만, 고용노동부와 보건복지부의 미루기는 비슷한 결과로 이어졌다.

"(…) 근로복지공단 홈페이지를 열어 놓고 어떤 사업을 하는지 쭉 관찰한 다음에 어디 전화를 하면 되겠다 싶어서 전화를 여러 군데 돌렸어요. 근데 《나, 다니엘 블레이크》가 되었어. 두 시간 전화 연결, 어디로 돌렸다가 어디로 돌렸다가 결국엔 마지막으로 다시 (근로복지공단) 지사로 갔는데 지사에서는 우리는 '그런 것'까지 다 못 한다, 이런 대답을 받았고 (…) △△씨는 혼자 고군분투해야 되는데, 동사무소에 가서 "장애 등급 신청하러 왔어요, 어떻게 하면 되나요" 하니까 "홈페이지 보고 하세요" 이랬대. "저 시각장애인인데요" 하니 그제야 얼굴 쳐다보고 책을 하나 줬다는 거야. △△씨

한테 그 얘기를 듣고 화가 나서 같이 시청을 가자, 해서 인천 시청을 둘이 같이 갔어. 장애인 복지과를 찾아갔더니 "동사무소를 가셔야죠. 여기는 그런 것 안합니다." 이렇게 얘기를 하는 거지. 그래서 동사무소에서 이런 대우를 받고 왔다, 그랬더니 "원래 우리가 이런 거 안 해 주는데"라며 또 책자를 줘. (…) 왜 이렇게 연결을 안 해 주느냐 했더니, "거기는 노동부 관할이고 여기는 복지부 관할이라 안 한다. 우리는 노동부가 당연히 해 주는 줄 알았다.", 이런 대답을 인천 시청 공무원이 했지. (…)"

노동건강연대 활동가의 인터뷰 내용

이쯤 되면, '근로자의 업무상 재해를 신속하고 공정하게 보상하며, 재해 근로자의 재활 및 사회 복귀를 촉진'한다는 산재보험이 그 기능을 제대로 하고 있는지 의심하지 않을 수 없다. 일하다 아프게 되거나 다친 모든 사람이 산재를 인정받고, 충분한 치료 서비스와 재활 서비스를 받은 후 건강하게 일터에 복귀하거나, 혹은 삶의 질을 유지할 수 있는 연금을 받도록 제도를 만드는 것이 그토록 어려운 일일까? 보건복지부와 고용노동부가 협력하고, 동사무소와 시청이 협력하는 게 그토록 어려운 일일까? 재정 안정이 아니라, 칸막이 조직 효율이 아니라, 인간을 중심에 둔 사회보장제도의 연계와 협력이 절실하다.

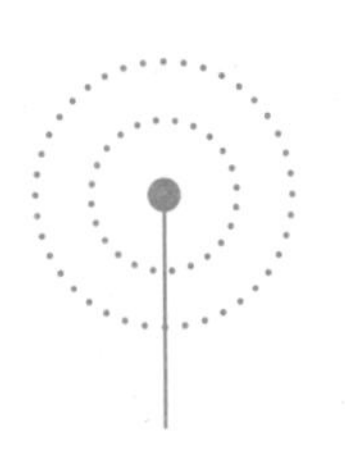

부동산 정책은 건강 정책이다

집값 상승, 세입자 건강에 해롭다

2017년 5월에 새 정부가 들어선 이래, 6. 19 부동산 대책, 8. 2 부동산 대책, 10. 24 가계 부채 종합 대책, 11. 29 주거 복지 로드맵, 12. 13 임대주택 등록 활성화 정책 등 집권 1년이 되기도 전에 부동산 관련 대책이 벌써 다섯 번이나 발표됐다. 정부가 이토록 부동산 정책에 열을 올리는 것은 현재의 부동산 가격 상승이 사회정의 관점에서 바람직하지 않다는 판단 때문이다. 한정된 토지와 주택을 소수가 독점하기 때문에 주택 가격이 상승한다. 그 소수는 불로소득을 향유하고, 서민들은 안정된 주거 공간을 마련하기가 점점 어려워진다. '집'으로 인해 소득 불평등과 자산 불평등이 더욱 심해진다. '조물주 위에 건물주'라는 표현도 이제는 새롭지 않다. 이러한 사회가 정의롭고 공정한 사회라고 말하기는 어려울 것이다.

이러한 부동산 문제를 '건강' 관점에서 바라보면 어떨까? 주거 환경이 건강과 밀접한 관련이 있다는 사실은 이미 잘 알려져 있다. 우리가 살고 있는 집의 실내 공기, 냉난방, 수도, 소음, 습기와 곰팡이 등 다양한 요소들이 건강에 영향을 미칠 것이라는 점은 깊게 생각해 보지 않아도 충분히 알 수 있다. 그런데 주택 가격 자체도 건강에 영향을 미칠까?

주택 가격 변동에 따른 건강 변화

2017년 11월에 발행된 국제 학술지 《사회과학과 의학》에는 이러한 질문의 답을 찾는 논문이 실렸다. 시드니 대학 아탈레이(Atalay K) 교수 연구팀은 호주에서 주택 가격의 변동에 따라 주택 소유자, 대출을 끼고 있는 주택 소유자, 세입자의 건강이 어떻게 변화하는지 분석했다.[1]

학계에서는 주택 가격과 가구의 부/재산, 그리고 개인의 건강 사이에 연관성이 있다는 점에 대체로 동의한다. 하지만 인과 관계의 방향이나 경로에 대해서는 의견이 갈린다. 첫째, 집값이 상승하면 집주인의 경우 건강에 대한 투자를 늘릴 수 있고 일하는 시간은 줄일 수 있기 때문에 건강에 긍정적 영향을 미치게 된다. 반면 세입자는 임대료가 늘고, 자기 집을 마련하는 것이 더 힘들어지기 때문에 부정적 영향을 받을 것이다. 둘째, 주택 가격 그 자체보다는 이와 관련한 지역의 편의시설 분포와 경제 전망이 주택 가격과 건강, 웰빙 사이의 관계를 설명할 수 있다는 주장이 있다. 대개 편의시설이 풍부하고 살기 좋은 곳일수록 집값이 비싸고, 그런 곳에 사는 사람들일수록 신체적·정신적 건강이 좋을 가능성이 높다는 것이다. 마지막으로, 첫째 주장과 반대로 건강하지 않은 사람은 평균적으로 수입 능력이 줄어들고 저렴한 주택으로 밀려나는 반면 건강한 사람들은 평균적으로 높은 소득을 얻고 비싼 주택을 산다는, 즉 인과관계의 방향이 반대라는 주장도 있다. 이러한 주장들 가운데 어떤 것이 현실에 가장 잘 부합할까?

연구팀은 주택 가격의 변동이 개인들의 건강에 미치는 영향이 주택 소유 상태에 따라 다를 것이라 전제하면서, 이러한 질문에 답하기 위해 2001년부터 2015년까지의 '호주 가구, 소득, 노동 다이내믹(Household, Income and Labour Dynamics in Australia, HILDA)' 서베이 자료를 분석했다. 15년의 관찰 기간 동안 확보한 약 1만 9천 명, 13만 건 설문 자료를 활용했고, 설문에서의 주택 가격 정보를 보완하기 위해 지역별 부동산 가격 데이터베이스도 연계했다. 정신적, 신체적 건강에 대해서는 보건학 분야에서 가장 널리 쓰이는 설문 도구 중 하나인 SF-36을 활용했고, 집값 이외에도 건강에 영향을 미칠 수 있는 여타 변수들을 분석에 포함시켰다.

기초 분석 결과, 대출 없이 집을 소유한 이들이 조금 더 나이가 많고 은퇴한 경우가 많았지만 소득이나 학력에서는 큰 차이가 없었고, 건강 상태에서도 주택 소유 여부에 따른 유의미한 차이는 발견할 수 없었다.[그림 19] 그러나 주택 가격을 분석 모형에 포함하면 결과는 달라졌다.

지역의 집값 상승은 주택 소유자의 신체 건강에 긍정적 영향을 미친 반면 세입자의 정신 건강과 신체 건강에는 부정적 영향을 미치는 것이 확인되었다.[그림20] 또한 주택 소유자 중에서도 대출을 통해 주택을 구매한 사람들에게는 대출이 없는 소유자에게 관찰된 긍정적 효과를 확인할 수 없었다.

이러한 추세는 신체적 건강과 정신적 건강 이외에 다른 건강 관련 지표들에서도 확인되었다. 주택 소유자는 집값이 상승하면 스스로 건강이 좋다고 평가하는 경우가 늘어났고, 체질량지수로 측정한 비만도는 낮아지는 경향이 있었다. 이 같은 현상은 특히 가구의 가장에게서 두드러졌다.

연구팀은 집값 상승에 따른 주택 소유자의 신체적 건강 향상이 건강 관련 투자가 늘어나고 건강 습관이 개선되는 것과 관련 있다고 해석했다. 실제 분석에서도 집값이 올라가면 주택 소유자 가장의 규칙적 운동 실천율이 높아지는 경향이 있었고, 집안일을 하는 시간도 늘어났다. 이는 집값이 상승하면 일하는 시간을 줄이고, 운동이나 다른 여가 시간을 늘리는 것으로 풀이된다.

한국의 부동산 정책은 왜 건강 불평등을 야기하는가

연구팀은 국제 기준에 비추어 호주의 주거 부채 비율이 높다는 점

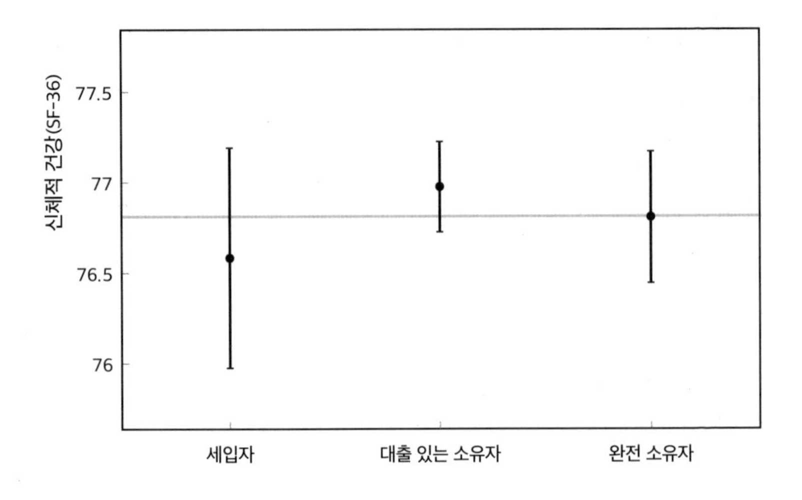

[그림19] 주택 소유 상태에 따른 신체적 건강 수준의 예측 값은 유의미한 차이가 없다.

을 지적하면서, 주택 가격의 변동이 공중보건에 상당한 영향을 미칠 수 있다는 점을 경고했다. 그러나 가계 부채, 특히 주택 관련 부채라면 한국이 결코 뒤지지 않는다. 예컨대 2014년 국내총생산 중 가계 부채 비율이 호주는 2.8%인데 비해 한국은 그 두 배가 넘는 5.9%에 달하며, 2017년 말 현재 국내 가계 부채 규모는 1450조 원에 이른다.[2] 그중 주택담보대출 잔액 규모가 450조 원이다. 주택금융공사의 2015년 실태조사에 의하면 표본 5천 명 중 주택담보대출이 있는 경우가 33.2%, 전세자금대출이 있는 경우가 10.8%, 중도금대출이 있는 경우가 2.4%였다. 조사 가구의 45%가 어떤 식으로든 주거와 관련한 부채가 있는 셈이다. 주택 소유자의 경우에는 주택담보대출 비율이 53.5%에 달했다.[3]

이러한 상황에서 부동산 가격의 폭등이나 폭락은 많은 이의 건강

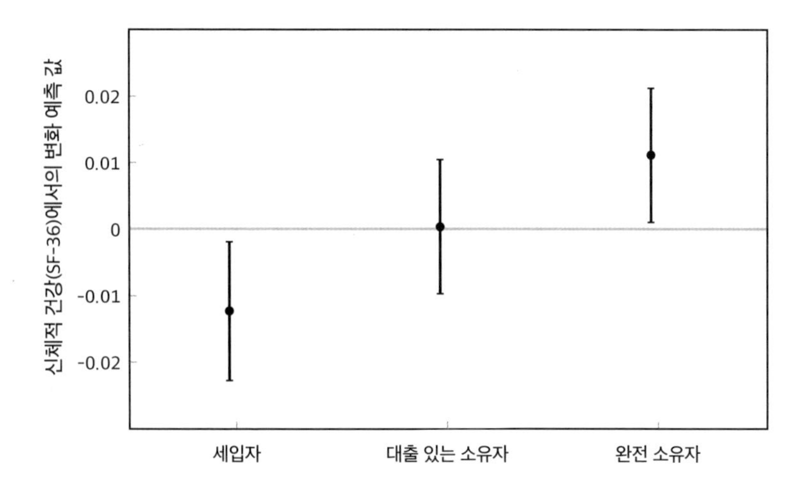

[그림20] 주택 가격이 1% 상승할 때마다 주택 소유 상태에 따른 신체 건강에 유의미한 차이가 확인된다.

에 영향을 미칠 수밖에 없을 것이다. 주택 가격의 상승은 세입자의 정신적 스트레스를 가중시키고, 가처분 소득의 감소로 인한 건강 투자의 위축을 가져올 수 있다. 주택 소유자의 건강에 긍정적 영향을 가져올 수도 있겠지만, 그것은 어디까지나 대출 상환의 부담이 없는 이들에게나 해당하는 일이다. 부동산 가격의 상승은 많은 이들에게 '시세 차익'이라는 꿈을 심어 주기는 하지만, 정작 이를 통해 건강과 안녕에 도움을 받는 사람은 결국 소수에 불과한 셈이다.

그동안 여러 정부들이 경기 활성화를 촉진한다며 부동산 부양 정책을 펼쳐 왔다. 바로 지난 정부에서도 국민들에게 빚을 내서 집을 사라고 등을 떠밀었다. 그 결과가 폭발 직전에 임박한 가계 부채라 할 수 있다. 언론에 가끔씩 등장하는 파산 같은 파괴적 결과가 아니더라도,

주택 가격 상승은 서민들의 신체적·정신적 건강에 부정적 영향을 미친다. 부동산 규제 정책은 사회정의 문제에 초점을 두고 있지만, 중요한 건강 정책이기도 하다.

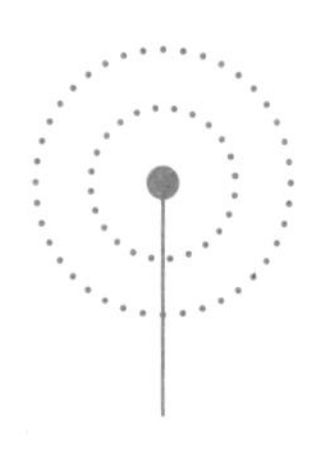

공기청정기와 마스크

미세먼지에 대한 대응이
국가적으로 이루어져야 하는 이유

요즘 아침에 일어나 가장 먼저 하는 일은 그날의 미세먼지 농도를 확인하고 창문을 열지 말지 결정하는 것이다. 국내 기준보다 엄격한 WHO 기준을 사용했다는 스마트폰 앱이 알려 주는 정보에 따라 처음에는 '양호' 이상인 날만 창문을 열겠다고 다짐했지만, 그렇게 하다 보니 한 달 내내 창문을 열 수 있는 날이 별로 없었다. 결국 한 단계 낮은 '보통'에서도 창문을 열기로 자체 규제를 완화할 수밖에 없었다. 외출을 할 때는 '미세먼지 차단' 문구가 붙어 있는 마스크를 착용하지만, 눈이 따갑고 기침이 나는 것은 여전하다.

대기오염이 다양한 건강 문제를 일으킨다는 연구들이 잇따라 발표되고 있다. 심장 질환은 물론 천식과 폐암 같은 폐 질환 발생률을 높일 뿐 아니라 기존의 질환을 악화시키고 기대 수명까지 감소시킨다는 것이다.[1] 최근에는 대기오염이 정신 건강을 악화시킬 수 있고 심지어 자살률을 높인다는 국내 연구 보고도 있었다.[2]

미세먼지 같은 대기오염은 모두에게 무차별적 피해를 안기는 것처럼 보이지만, 실상은 그렇지 않다. 예컨대 국토 면적이 작은 한국 안에서도 지역의 사회 경제적 수준에 따라 대기오염 수준이 다르고,[3] 실내 미세먼지 농도 또한 거주지와 가구의 사회 경제적 수준에 따라 다르다는 연구 결과가 보고된 바 있다.[4] 10년도 전인 이미 2006년에 어린이들의 천식으로 인한 응급실 방문이 지역의 사회 경제적 수준에 따라 다르다는 논문이 출판되기도 했다.[5]

2017년 국제 학술지 《생태경제학》에 발표된 중국 칭화 대학 연구팀의 논문은 대기오염과 건강 피해의 불평등에 대한 선행 연구들을 넘어서, 대기오염에 대한 '대응'에 불평등이 존재하는지 확인하고자 했다.[6]

누가 대기오염에 더 민감하게 반응하는가

연구팀은 대기오염이 심하기로 유명한 중국에서 마스크와 공기청정기를 구입하는 사람들의 특성을 살펴보았다. 2013년 11월~2014년

1월 동안 중국 최대 온라인 쇼핑몰인 '타오바오닷컴(Taobao.com)'의 마스크, 공기청정기 판매량 자료와 구매자의 소득 수준, 정부의 대기오염 경보의 연관성을 분석했다. 구매자들의 소득 수준을 직접 파악할 수는 없기에, 2013년 4월~2014년 4월 동안 쇼핑몰 매출의 상위 75~100%에 해당하는 소비자들을 고소득 집단, 25~75%를 중위소득 집단, 0~25%를 저소득 집단으로 구분했다. 한편, 중국 환경보호부는 '매우 좋음, 좋음, 조금 나쁨, 중간 정도로 나쁨, 매우 나쁨, 심각하게 나쁨'의 6단계 대기오염 경보 체계를 채택하고 있다. 마스크와 공기청정기 매출 데이터가 수집된 기간 중인 2013년 12월에는 상하이와 난징이 속한 광동 지역 주강 삼각주에서 10년 만에 가장 심각한 안개가 발생했다. 당시 마스크와 공기청정기 판매량은 이전 주에 비해 각각 52.4%, 74.1%나 증가했다.

분석 결과를 보면, 사람들이 정부의 오염 경보, 미세먼지 수준에 즉각 반응하는 것을 확인할 수 있다. 경보 수준이 '매우 나쁨'과 '심각하게 나쁨'인 경우, 맑은 날('매우 좋음' 또는 '좋음')에 비해 마스크 구매량이 각각 2.9배, 7.2배 늘어났고, 공기청정기 구매도 1.6배와 3.0배 증가했다. 마스크와 공기청정기 구매량 변화에 차이가 있는 것은 당연히 공기청정기(평균가격 USD 490)가 마스크(평균가격 USD 0.9)에 비해 훨씬 비싸기 때문이다. 공기청정기는 필터를 주기적으로 교체해야 하고 전기요금도 발생하기 때문에, 이것까지 포함시킬 경우 마스크와 공기청정기의 비용 부담 격차는 더욱 커진다.

논문이 인용한 선행 연구들에 의하면 마스크와 공기청정기의 대기오염 차단 효과는 차이가 크다. 마스크의 오염 차단율은 33%, 공기청정기는 92%로, 똑같은 조건에서 초미세먼지(PM 2.5)에 노출된 경우 마스크를 쓴 사람은 67%, 공기청정기를 틀고 있는 사람은 8% 수준의 위해만을 경험하게 되는 셈이다. '타오바오닷컴'의 2013년 매출 자료에 의하면 고소득 집단의 47.9%가 공기청정기를, 31.9%는 마스크를 구입했으며 두 가지 모두 저소득 집단보다 많이 구매했다. 또한 중위소득 집단과 고소득 집단은 미세먼지 농도가 증가할 때마다 저소득 집단에 비해 공기청정기 구입량이 뚜렷이 증가했다. 하지만 저소득 집단에서는 구매량에 변화가 거의 없었다. 소득 수준이 높을수록 대기오염에 더욱 민감하게 반응하고 더 효율적인 제품을 통해 자신을 보호한다는 것을 알 수 있다.

미세먼지 피해는 차별적으로 발생한다

우리 사회에서도 대기오염, 미세먼지 문제는 이미 중요한 공중보건 이슈가 되었다. 하지만 여전히 대응은 개인적인 차원에 머무르고 있다. 외출을 자제하고 마스크를 착용하고 집마다 공기청정기를 들여놓는 것 말이다. 공기청정기는 최신 스마트폰만큼이나 자주 광고에 등장해서 생필품임을 어필하고 있다. 집 안에서 고등어를 구워 먹지 않는 것도 정부가 알려 준 생활의 팁이다. 그러나 이렇게 개인 수준의 대책에만 치중하게 되면 공기 좋은 동네에 살 수 있는 사람, 야외 운동을 못하거나 대중교통을 이용하지 않아도 불편함이 없는 사람, 성능 좋은 공기청정기를 틀어놓고 하루 종일 쾌적한 실내에서 일할 수 있는 사람만이 자신의 건강을 보호할 수 있다.

더구나 그 공기청정기를 작동시키는 전기를 생산하기 위해서는 발전소가 가동되어야 하고, 온라인 쇼핑몰에서 배송을 하려면 화물 차량이 도로를 달려야 하며, 이를 생산하기 위해서 다양한 화학물질과 전기를 사용해야 한다. 이를 구입한 소비자의 집 안 공기는 깨끗해질지 모르겠지만, 사회 전체적으로 보면 환경오염이 더욱 심해지고, 그 피해는 다시 불평등하게 전가된다. 개인들로서는 최선의 선택일지 모르지만, 사회적으로는 모두가 손해를 보고 또 불평등만 심해지는 대응 방법인 것이다.

대기오염, 미세먼지는 '사회적'으로 발생한다. 석탄화력발전소, 공장, 디젤 차량, 다양한 화학물질로부터 유래한 생활 소비 상품들이 그 주범이다. 사회적 문제에는 사회적 대응이 필요하다. 대기오염으로 인한 건강 피해와 그 피해의 불평등을 줄이기 위해서는 '사회적' 대응, 즉 오염원에 대한 강력한 규제와 대안적 에너지/생산 체계 구상이 필요하다.

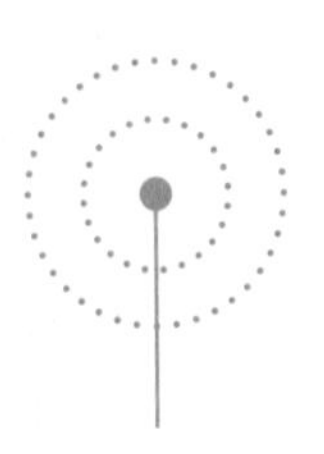

환경 때문에 사망? 제도 때문에 사망!

생명을 앗아간
잉글랜드 돌봄 체계의 실패

우리는 자연재해나 사회적 위기 상황에서 건강 문제가 생기는 것을 당연히 여기는 경향이 있다. 1997~1998년 경제위기 당시 실업률이 높았으니 자살률이 높아지는 것은 당연하고, 한파나 폭염이 닥치면 쇠약한 노인의 사망이 늘어나는 것 또한 당연하다는 것이다. 하지만 조금만 생각해 보면 이게 그렇게 당연한 일은 아니며, 그래서도 안 된다. 영국 옥스퍼드 대학교 돌링(Dorling D) 교수팀의 연구도 이런 익숙한 믿음에 의문을 제기한다.[1]

영국의 노인 사망률 급증을 둘러싼 가설

영국의 잉글랜드와 웨일스 지방에서는 지난 2014~2015년 겨울, 특히 2015년 1월에 사망률이 치솟는 일이 벌어졌다.[그림 21] 당시 사망자 숫자는 그 전해 같은 기간보다 약 1만 2천 명이 더 많았고, 노인들이 상당수를 차지했다. 이는 2차 대전 이후 가장 큰 폭의 상승이었다. 지난 30년간 (가끔 변동이 있기는 했지만) 사망률이 꾸준히 감소하는 추세였기 때문에 이러한 현상은 특별한 관심을 불러일으켰다. 원인 규명을 촉구하는 목소리가 높아지는 건 당연했다.[2] 이후 이러한 현상을 설명하기 위해 다양한 가설들이 제기되었다. 런던 위생·열대의학 대학원과 옥스퍼드 대학 지리·환경 대학원의 공동 연구팀은 그러한 가설들에 대한 검토 결과를《영국왕립의학회 학술지》에 발표했다.

연구팀이 살펴본 가설은 다음의 네 가지였다.

첫째, 실제 사망률이 증가한 것이 아니라 자료에 문제가 있다.

둘째, 자연재해나 극심한 기상 상태 같은 환경 쇼크 때문에 사망이 급증했다.

셋째, 독감 유행이 사망률 증가의 주요 원인이다(이는 공중보건 당국의 설명이었다).

넷째, 보건의료-돌봄 체계의 만연한 실패 문제가 주요 원인이다.

우선 자료 문제를 생각해 보자. 이는 건강하지 않은 이들이 지역에

급격하게 유입되면 일시적으로 사망률이 높아질 수 있다는 주장이다. 하지만 당시 대부분의 사망 증가는 노인에게서 일어났고, 이들이 이민자일 가능성은 매우 낮았다. 영국에 들어오는 이주민들의 대다수는 젊고 건강한 이들이며, 그러다 보니 이주 생활의 어려움에도 불구하고 오히려 영국 토박이들보다 더 건강한 경우가 많다. 이를 '건강 이주민 효과'라고 한다. 게다가 이주민이 노인일 경우 국립보건서비스(National Health Services, NHS) 이용을 위해 국가 통계청에 등록을 하는 것이 일반적이기 때문에 노인 이주민의 통계를 놓칠 가능성은 비교적 낮다. 실제 통계에서도 노인 인구의 급격한 유입은 관찰할 수 없었다. 은퇴 후 따뜻한 남유럽으로 이주했던 영국 노인들이 영국의 EU 탈퇴로 인해 유럽연합 시민권을 잃게 되면서 고국으로 돌아왔을 가능성도 있지만, 자료에서는 아직 그러한 양상이 나타나지 않았다. 한편 2014년 연말에 사망 등록이 지연되었다가 2015년 1월에 한꺼번에 처리했을 가능성도 제기되었다. 그러나 확인 결과 2014년 연말에 특별히 사망 등록이 줄어들었다는 근거는 찾을 수 없었다. 이러한 내용들을 종합할 때, 2014~2015년의 사망 증가는 자료 문제 때문이라고 보기 어려웠다.

두 번째로 검토한 가설은 겨울철 한파로 인해 노인 사망률이 증가했다는 것이다. 하지만 2014년 9월부터 2015년 1월 사이 월 평균 기온은 오히려 2009~2014년을 웃돌았다. 따라서 이 또한 주요한 원인이라고 보기 어려웠다.[그림 21]

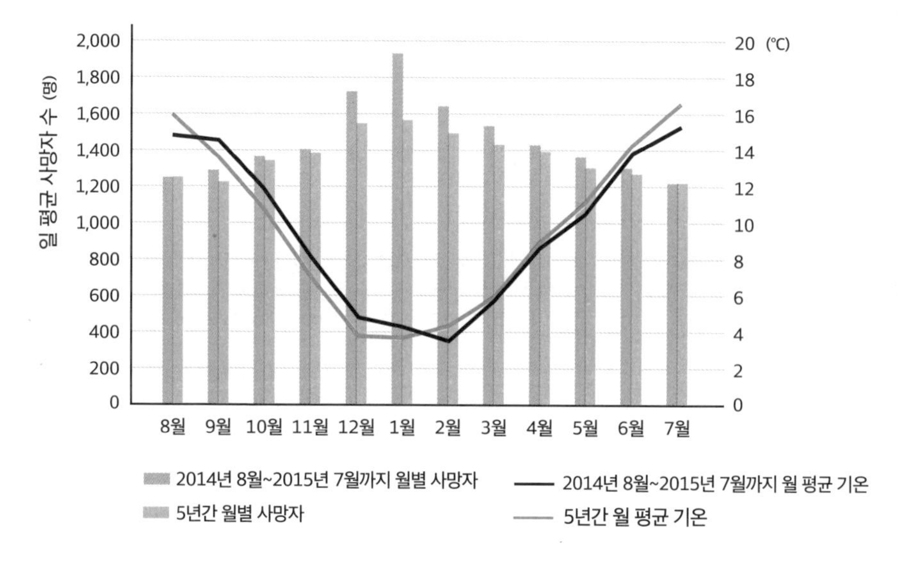

[그림21] 잉글랜드와 웨일스의 2014년 8월~2015년 7월 월별 1일 평균 사망자 수와 평균 기온

셋째, 가장 유력한 가설은 독감 유행 때문에 사망이 급증했다는 것으로, 잉글랜드 공중보건 당국의 설명이었다. 이때 유행한 독감 바이러스 균주가 특히 노인들에게 위험했다는 것이다. 그러나 실증 자료를 검토한 결과 유행 바이러스의 치명률이 특별히 높지는 않았다. 똑같은 균주가 2008~2009년에도 유행했지만 이때는 특별한 사망률 증가가 나타나지 않았다. 예년보다 백신의 효과가 덜했다는 지적도 있었다. 접종률 자체는 예년과 다르지 않았지만 바이러스 변이로 인해 효과가 다소 떨어졌다는 점에서 이는 일부 타당한 설명이었다. 한편 공중보건 당국은 요양 시설에서 독감 집단 발병이 많이 일어났기 때문에 노인 사망률이 급증했을 수 있다고 주장했다. 실제로 요양 시설의 집단 발

병 건수는 예년보다 많았다. 하지만 독감 관련 증상으로 인한 진료 자체는 2014~2015년에 특별히 늘어나지 않았다. 오히려 특이한 점은, 독감 환자 수에 비해 사망자가 많았다는 점이다. 또한 과거에는 독감 유행 시 사망률이 반짝 증가했다가 곧바로 떨어지고는 했는데, 이번에는 유행이 지난 후에도 두 달 이상 사망률 증가가 지속되었다. 눈여겨봐야 할 것은 유럽 다른 나라들의 독감 유행 상황이다. 당시 유럽연합 28개국에서 독감과 관련된 노인 사망자의 숫자는 약 21만 7천 명으로 추산된다. 이는 예년보다 많은 숫자인데, 국가별로 그 양상은 달랐다. 이를테면 덴마크, 노르웨이, 스웨덴의 경우 날씨는 훨씬 추웠지만 사망률 증가는 크지 않았고, 에스토니아나 핀란드에서는 눈에 띄는 사망률 증가가 아예 관찰되지 않았다. 스웨덴의 경우, 독감 유행이 가장 심했던 단 2주 동안만 사망률 급증이 나타났고, 핀란드에서는 유행은 심했지만 예년과 다른 사망률 증가가 관찰되지 않았던 것이다. 반면 잉글랜드에서는 유행이 특별히 심각하지 않았음에도 11주 동안이나 사망률 증가가 지속되었다. 이들을 종합해 보면, 독감 백신의 효과 저하와 요양 시설에서의 유행이 일부 기여한 것은 사실이지만, 노인의 사망률 급증을 이것만으로는 설명할 수 없었다.

네 번째 가설은 보건의료, 돌봄 체계의 실패와 관련 있다. 2015년 1월, NHS 성과 지표들은 대부분 실적이 좋지 않았다. 구급차 출동이나 의사 진료가 필요한 수준의 NHS 상담 전화가 급증했으며, 구급차 출동 시간은 목표치에 미치지 못했다. 응급실 환자 자체가 늘어나지는 않았지만 응급실 진료와 입원 대기 시간은 심각하게 늘어났다. 진단에 걸리는 시간도 늘어났고, 비임상적 이유로 수술이 취소되는 경우도 급증했다. 돌봄 시설로의 이동이 매우 지연되면서 병원 내 병상이 부족해졌고, 그에 따라 응급실 대기가 지속될 수밖에 없었다. 직원의 결근율은 올라간 반면, 후임이 제때 채워지지 않아 공석의 숫자는 늘어났다.

연구팀 스스로 밝혔다시피 이 분석 결과를 확실한 결론이라고 말할 수는 없다. 하지만 2014~2015년의 노인 사망률 증가는 독감 유행이나 날씨, 자료 문제라기보다 보건의료 체계의 실패와 관련 있는 것으로 보인다. 특히 돌봄 체계의 실패가 이를 더욱 악화시킨 것으로 추정된다. 이러한 해석은 NHS의 재정적 상황이 악화되고 있음을 고려하면 더욱 설득력이 있다. 2010년 보수당 집권 이후, NHS는 예산 축소로 인해 심각한 긴축에 시달려 왔고, 사회복지 예산도 급격하게 줄어들었다. 인구 고령화에 따른 보건복지 서비스의 수요 증가를 전혀 따라가지 못하고 있는 상황이다. 실제로 연구팀은 후속 논문에서, 급성기 환자 퇴원이 하루 지연될 때마다 0.394명의 초과 사망이 발생하고, 비슷하게 급성기 환자 한 명의 퇴원이 지연될 때마다 7.322명의 추가 사망이 발생한다는 결과를 보고했다. 긴축으로 인한 돌봄 체계의 축소가 병원에 환자 적체를 가져왔고 이로 인해 제때 필요한 치료를 받지 못한 노인들의 건강에 악영향을 초래한 것이다.[3]

환경 때문에 아픈 것이 아니다

2014~2015년에는 NHS 재정 적자가 처음으로 3억 4900만 파운드를 넘어섰다. 2009년 이후 노인을 위한 돌봄 예산은 17% 감소했는데, 같은 기간 85세 이상 노인의 숫자는 9% 늘어났다. 현재의 돌봄 서비스 수준을 유지하려면 추가로 11억 파운드가 필요한데 잉글랜드 정부는 예산 증액을 거부했다. EU 탈퇴로 수입 의약품과 기자재 가격이 인상되고 보건의료와 돌봄 인력이 영국에서 빠져나갈 것을 고려하면 매우 우려스러운 상황이다. 정부 위원회 조사에서도, 사회적 돌봄 예산 축소 때문에 응급 의료 체계가 고전을 면치 못하고 있다는 사실이 드러났다. 노인들의 입원이 늘어났고, 2012~2016년 사이 이러한 사정 때문에 퇴원을 하지 못하는 사례가 70%나 늘어난 것이다. 요양 시설의 병상 수는 2010년에서 2016년 동안 약 25만 5천 개에서 23만 5천 개로 2만 개 가까이 줄어들었다.

그러다 보니 여름철은 전통적으로 병원이 다소 한가한 기간임에도 2016년 6~8월 동안 환자 10명 중 한 명이 응급실에서 4시간 이상을 대기한 것으로 나타났다. 연구팀은 보건의료와 돌봄 체계가 제대로 작동하지 못한다는 증거들이 늘어나고 있음을 지적하며, '예외적'이라고 했던 2014~2015년 사태가 이제는 고정 패턴이 되어 가고 있음을 경고했다. 아울러 인력과 재정에 대한 시급한 개입을 촉구했다.

이러한 분석 결과와 경고는 한국 사회에도 들어맞는다. 우리는 흔히 폭염 때문에, 한파 때문에, 실업 때문에, 가난 때문에, 질병 때문에 사람들이 아프고 죽는다고 이야기한다. 하지만 조금만 더 들여다보면, 자연환경 혹은 사회 환경 그 자체보다는, 그러한 문제에 대응할 수 있는 시스템과 제도가 실패했기 때문에 사람들이 아프고 죽게 되는 경우가 더욱 많다. 적절한 주거 환경이 갖춰진다면 폭염이나 한파 때문에 죽을 이유가 없고, 실업급여나 기초생활급여가 충분하다면 일자리를 잃었다고 혹은 가난하다고 자살에 이를 이유가 없다. 독감이 유행해도 보건의료 체계가 잘 작동하고 양질의 노인 돌봄이 충분하다면 피해를 최소화할 수 있다.

예컨대 2009~2012년 동안 서울에서 폭염으로 인한 사망이 저학력 계층에서, 박탈 수준이 심한 지역에서 더 높았다는 연구 결과는[4] 이러한 문제가 '자연환경'의 문제가 아니라 '사회 환경'의 문제임을 보여 준다. 마찬가지로 1997/98년 외환위기 당시 한국에서는 자살률이 치솟는 경험을 했지만, 소련의 해체 직후 경제 위기를 겪고 IMF의 구제금융 지원을 받았던 핀란드에서는 자살률의 변동이 크지 않았던 것도 '제도'가 얼마나 중요한지를 보여 준다.[5]

문제의 원인과 해답은 저 너머 어딘가, 거대한 자연환경 혹은 초자연적 힘에 있는 것이 아니라, 우리 사회 안의 인간 보장 체계 안에 있음을 다시 한 번 강조하고 싶다.

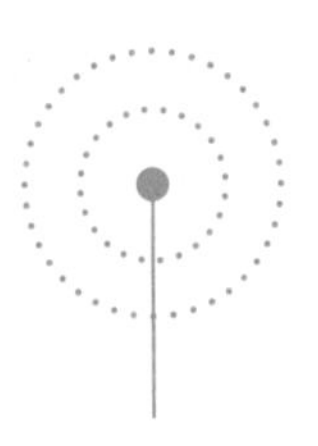

기술은 어떻게 젠더 폭력을 촉진하는가

친밀한 관계일수록 더 위험한 기술

걸그룹 팬 사인회에 한 남성 팬이 안경 캠코더를 착용하고 참석했다. 눈치 빠른 멤버가 이를 발견하고 침착하게 대응하여 안경은 압수했지만 남성 팬은 어떠한 제재도 받지 않았다. 불법카메라로 당사자의 의사에 반하여 여성의 신체를 몰래 찍는 것은 '성폭력범죄처벌특례법' 제14조 1항에 불법 행위로 규정되어 있다. 그럼에도 일부 팬들은 '(팬 사인회에서의 촬영은) 팬의 당연한 권리이다, 뿔테 안경 쓴 남성들을 잠재적 범죄자 취급했다'며 억울함을 제기했다.[1]

이제 카메라는 탐사 보도의 도구나 연예인의 인간적 모습을 보여주는 방송용 소품 그 이상의 위험한 존재가 되었다. 고성능 카메라가 내장된 스마트폰이 대중화하면서 관련 범죄는 빠르게 늘고 있다. 2011년 1,314명이었던 불법카메라 범죄 사범 수는 2016년에 5,640명으로 늘었고, 구속된 인원도 같은 기간 30명에서 155명으로 5배나 급증했다.[2]

문제는 스마트폰만이 아니다. 앞서 소개한 팬 사인회 사건에서처럼 안경·단추·펜·옷걸이·조명등·시계·라이터·리모컨·자동차 키 등 지극히 흔한 물건들이 타인을 감시하고 훔쳐보는 도구로 활용되고 있다. 그리고 그 폐해는 압도적으로 여성들에게 집중되고 있다. 불특정한 개인, 혹은 친밀한 관계에 있는 여성의 사생활과 성적 행동이 담긴 사진, 동영상이 온라인에 광범위하게 공유되고 있으며 심지어 거래된다.

모바일 기술에 의한 스토킹 문제

스마트폰이나 초소형 카메라, 소형 GPS 추적기, 실시간으로 다수에게 공유되는 소셜미디어와 인터넷 같은 전자정보통신 기술의 발전은 친밀한 관계를 맺는 방식에도 영향을 미치고 있다. 심지어 관계 갈등이 폭력이나 범죄로 진화할 가능성 또한 변화시키고 있다. 친밀한 파트너의 통화 내역, 이메일을 점검하거나 위치 추적기, 불법카메라로 감시하는 행위는 드물지 않게 일어난다. 실제로 미국 대학생 조사에 의하면, 이성 친구의 행동을 감시하기 위해 통화 내역과 이메일을 체크하는 행위는 여성이 남성보다 3배 많이 했고, 불법카메라와 GPS 추적기 사용은 남성에서 각각 8배, 5배 더 많았다.[3] 남성에 의한 여성 모니터링이 훨씬 적극적이고 공세적이다. 일상에서의 젠더 불평등이 정보통신기술을 만나면서 새로운 국면으로 접어든 것으로 보인다.

호주 빅토리아 주 가정폭력지원센터의 수석 연구원 우드락(Woodlock D) 박사가 2017년에 발표한 논문은 이러한 이슈들 중에서도 특히 모바일 기술을 활용한 스토킹(stalking) 문제를 다루고 있다.[4] 스토킹은 '강압적 통제'의 한 형태로, 피해자가 두려움을 느낄 정도로 따라다니기, 괴롭히기, 위협하기처럼 반복적이고 간섭적인 행동 패턴을 말한다. 친밀한 파트너에 의한 스토킹은 성폭력이나 살인 같은 심각한 폭력으로 이어질 수 있는 위험 요인이지만 중요하게 다루어지지 않는 경향이 있다. 호주에서는 15세 이상의 여성 5명 중 1명이 스토킹을 경험한 것으로 알려져 있다.

국내의 경우, 헤어진 남자친구가 지속적 스토킹 끝에 여성을 무참히 살해한 사건을 계기로 이 문제의 심각성이 크게 알려졌다. 가해 남성은 피해 여성과 그 가족에 대한 살해 위협은 물론 사진, 영상 유포와 자해, 자살 같은 협박을 일삼고, 피해자의 집과 직장을 배회하고 찾아오는 등 전형적이고 강도 높은 스토킹을 자행했다. 극심한 두려움과 불안에 떨어야 했던 피해 여성은 결국 2016년 자신이 살던 아파트 주차장에서 이 남성이 휘두른 흉기에 수차례 찔려 사망했다.[5]

스마트폰이나 소셜미디어가 일반화되기 전의 자료이기는 하지만, 형사정책연구원이 2000년에 발표한 보고서에 의하면 스토킹 피해 경험이 있다는 응답이 남성 10.5%, 여성 20.9%로 나타났고, 남녀 모두 가장 많은 형태는 전화폭력이었다. 남녀 피해자 모두 수치심이나 불쾌감과 분노, 불안감을 느꼈지만 특히 여성들이 느끼는 불안과 두려움이 컸다.[6] 실제로 2014년에 한국성폭력상담소와 한국여성민우회가 발표한 자료에 따르면 240건의 스토킹 피해 상담 사례 중 직접적인 상해와 살인미수, 감금, 납치 등 강력 범죄에 해당하는 사례가 51건(21%)이나 되는 것으로 나타났다.

앞서 언급한 우드락 박사의 논문에 소개된 '스마트세이프(Smart-Safe)' 연구는 빅토리아 주에 거주하는 가정 폭력 문제 자원 활동가 152명, 가정 폭력 피해자 46명에 대한 초점집단면접, 온라인 서베이, 개별 면접 내용에 토대를 두고 있다.

스토킹에 많이 사용된 기술로 활동가들은 휴대전화(82%), 소셜미디어(82%), 이메일(52%), GPS(29%) 등을 언급했다. 스토킹 피해자들은 문자메시지(78%), 모바일 위치 추적 기술(56%), 자살 협박 같은 전화와 문자메시지(56%), 허락 없이 문자메시지 확인하기(47%) 등의 문제를 지적했다. 그리고 이러한 기술 기반 스토킹은 감정적·성적 학대, 물리적 폭력, 재정적 괴롭힘 등을 동반하고 있었다.

기술에 의한 스토킹의 세 가지 부정적 효과

우드락 박사는 분석 결과를 토대로 정보통신기술에 의한 스토킹의 부정적 효과를 세 가지로 요약했다.

첫째, 가해자들이 모바일 기술을 이용해서 지속적으로 문자메시지를 보내고 전화를 함으로써 피해자의 삶에 가해자가 항상 존재한다는 느낌을 만들어 낸다. 모바일 위치 추적 기술은 이런 느낌을 증폭시킨다. 또한 가해자가 페이스북 같은 소셜미디어에서 피해 여성의 친구와 가족 등 타인을 통해 피해자를 추적하고 감시하는 '대리 스토킹(proxy stalking)'을 함으로써 피해자의 고립감과 공포를 증가시킨다.

둘째, 가해자는 가족과 친구들을 직·간접적으로 괴롭힘으로써 피해자가 도움을 받을 수 있는 경로를 차단하고 고립시킨다. 문자메시지와 전화를 수없이 하고 페이스북에서 공개적으로 루머나 의혹을 퍼뜨리는 스토킹 행위를 피해자는 감당하기 어렵다. 결국 피해 여성이 전화번호를 바꾸고 페이스북 계정을 폐쇄하며 현실에서 집을 옮기기도 하는데, 이는 모두 피해 여성의 사회적 지지를 차단하는 효과를 낳는다.

셋째, 친밀한 파트너였던 스토커들은 피해자의 가장 큰 두려움, 관심사, 비밀 등을 알기 때문에 이것을 악용한다. 모바일 기술을 통해 이러한 내용들을 즉각 가족과 친구, 지역사회에 알릴 수 있다. 특히 소셜미디어는 가해 남성이 여성을 협박하고 모욕감을 주기 위해 성적 내용을 담은 사진과 동영상을 게시할 수 있는 공개 플랫폼을 제공한다. 이런 스토킹에 처하면 피해자들은 수치심과 당혹감 때문에 도움을 요청할 생각조차 하지 못하게 된다.

이 연구는 모바일 기술이 폭력 피해 여성들에게 도움이 되거나 지지 네트워크와 접촉을 촉진하는 것이 아니라, 오히려 가해자들이 여성을 강압적으로 통제하고 학대하는 스토킹의 도구로 전락했다고 경고했다.

그동안 국내 여성 인권 단체들은 다변화하는 젠더 폭력 문제를 공론화하고 피해자 보호와 가해자 처벌을 위해 많은 노력을 기울여 왔다. 그리고 이러한 노력에 힘입어 정부는 디지털 성범죄 영상[7] 유포의 처벌 수위를 높이고 '변형 카메라' 판매에도 규제를 강화한다는 대책을 발표했다.[8] 하지만 아마도 이러한 규제를 피해 또 다른 '기술적 혁신'이 젠더 폭력에 기여할 가능성도 높다.

그러면 어떻게 해야 할까? 소셜미디어와 스마트폰, 인터넷이 없었던 세상으로 돌아가야 할까? 그것이 가능하기는 할까? 기술에는 항상 밝은 측면과 어두운 측면이 공존하며, 무엇을 우세하게 만들 것인가는 기술 자체가 아니라 사회적 힘에 달려 있다. 우리는 기술 발전으로 인해 오히려 여성들의 안전이 위험에 빠질 수 있다는 점을 인정하고 어떤 윤리적 규범과 실질적 제도를 통해 이를 통제할 것인지 머리를 맞댈 필요가 있다.

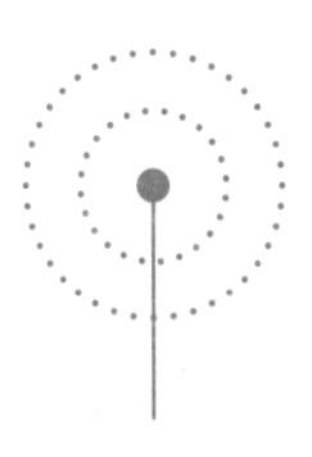

자율주행차 시대, 건강과 윤리의 딜레마

과학은 축복이 될 것인가
재앙이 될 것인가

운전자 없이 달리는 자동차, 주인의 요구에 맞춰 곡예비행까지 할 수 있는 자동차는 미래 사회를 그린 영화에서 빠지지 않는 단골 소품이다. '무인 자동차'에 대한 꿈은 자동차의 개발과 함께 시작된 것이나 다름없어서, 이미 1920년대에도 실험이 이루어졌다고 한다. 그러나 이것이 현실의 기술로 구현되고, 도로 위에서 실제 주행 테스트가 이루어진 것은 비교적 최근인 2007년의 일이다. 2015년에는 미국의 5개 주정부가 공용 도로에서의 무인 자동차 테스트를 승인했다. 상상 속

미래가 성큼 다가선 느낌이다.

한국도 이러한 세계적 흐름에 뒤처지지 않기 위해 노력 중이다. 자율주행 자동차 개발은 '대한민국 미래를 책임질 9대 국가 전략 프로젝트'의 맨 앞에 이름을 올렸고, 국토교통부의 경제 활성화를 위한 7대 신산업 육성 목록에도 빠지지 않았다. 국토교통부는 미래 성장 동력 확충을 위한 투자 확대를 명목으로 자율주행 자동차 예산을 2016년 195억 원에서 2017년 279억 원으로 늘렸다.

한국에서 자율주행 자동차는 미래의 먹거리를 가져다줄 경제적·기술적 측면에만 관심이 집중되고 있다. 그러나 전 세계적으로 자율주행 자동차가 환영 받는 배경에는 경제적 측면 이외에 '안전'을 개선시킬 것이라는 기대가 자리하고 있다. 대부분의 교통사고는 인간의 과실에서 비롯되기 때문에, 인공지능에 의한 자율주행 자동차는 교통사고를 크게 줄일 것으로 예상된다. 미국의 전문가들은 자율주행 자동차 도입으로 연간 2만 9천 명의 생명을 구할 수 있을 것으로 예측했다. 전 세계적으로는 10년마다 1000만 명의 생명을 구할 수 있다고 하니, 이 정도면 21세기 가장 중요한 공중보건 혁신이라 할 수 있다.

하지만 긍정적 측면만 있는 것은 아니다. 자율주행 자동차의 '선도주자'인 미국 사회는 '공중보건'과 '윤리적' 측면에서 자율주행 자동차의 문제를 고민 중이다. 2017년 《미국공중보건학회지》에 실린 "공중보건, 윤리 그리고 자율주행 자동차"라는 제목의 논문도 이 문제를 다루고 있다.[1]

자율주행 자동차의 윤리적 딜레마

미국 드렉셀 대학의 플릿우드(Fleetwood J) 박사는 자율주행 자동차가 공중보건 문제들과 밀접하게 관련 있기 때문에, 공중보건의 고유한 기술과 지식, 가치, 관점들이 자율주행 자동차 논의에 반영될 수 있도록 공중보건 전문가들이 나서야 한다고 촉구한다.

플릿우드 박사는 특히 '강제 선택(forced choice)' 상황에서의 알고리즘에 주목했다. 예컨대 자율주행 자동차가 빙판길에서 미끄러지는 등 충돌을 피할 수 없는 상황에서, 주차된 차와 충돌할 것인가 혹은 보행자를 칠 것인가 하는 윤리적 선택의 문제가 발생한다. 우리가 운전을 하다 보면, 종종 복잡하면서도 즉각적인 윤리적 판단을 내려야 하는 상황들에 마주친다. 자율주행 자동차도 인간 운전자와 마찬가지로 여러 가치들이 충돌하는 상황에 직면할 수밖에 없다. 그러한 상황에서 자율주행 자동차가 안전성, 기동성, 합법성이 균형을 이루는 결정을 내릴 수 있도록 프로그래밍되어야 한다.

영국의 철학자 필리파 풋(Philippa Foot)이 제시한 대표적 사고실험인 '트롤리 딜레마(trolley dilemma)'는 자율주행 자동차 논의에서도 자주 인용된다. 이 실험은 '탈주한 트롤리가 선로에 서 있는 5명을 향해 돌진하는 상황에서 당신은 선로 전환기를 당겨서 다른 선로에 서 있는 1명을 치는 대신 5명을 구할 것인가? 아니면 5명을 치고 다른 선로의 1명을 구할 것인가?'라는 가설적 상황을 제시한다. 플릿우드 박사는 이런 상황이 현실에서 자주 발생하지는 않겠지만, 자율주행 자동차의 개발 단계에서부터 이러한 문제들을 염두에 두고 해결책을 마련하는 것이 매우 중요하다고 말한다.

공리주의적 입장에서는 '5명이 죽는 것보다는 1명이 죽는 게 더 낫다'고 쉽게 말할 수 있지만, 현실에서는 이것이 그리 간단한 문제가 아니다. 적극적으로 선로 전환기를 당기는 행위가 운명에 따라 일이 발생하도록 내버려두는 것보다 더 나쁜 것이라는 의견도 있고, 서로 다른 선로에 서 있는 잠재적 희생자들의 사회적 가치를 평가해서 결정해야 한다는 의견도 있다. 이를테면 나치 제복을 입은 5명과 간호사 1명 중 누구를 선택할 것인가? 어린이와 노인들이라면 어떨까? 나이 든 노인들의 죽음보다 아이들의 죽음을 더 적극적으로 피해야 할까? 만일 다른 선로에 있는 1명이 임신한 여성이라면 본인과 태아를 합쳐 두 명의 몫으로 간주해야 할까? 강제 선택 알고리즘에서 단순한 부상자의 숫자뿐 아니라 부상의 심각성, 삶의 질에 미칠 영향까지 고려해서 우선순위를 부여해야 할까? 이러한 질문들은 끝이 없고, 사실 정답도 없다.

기술을 넘어 공중보건 윤리의 문제로 바라봐야

실제로 한 심리학 실험에서 연구 참여자의 76%는 보행자 10명의 생명을 구할 수 있다면 자율주행 자동차에 타고 있는 승객 1명을 희생시키는 것이 도덕적이라고 판단했다. '어떤 대가를 치르더라도 승객을 보호해야 한다: 0점'에서 '보행자의 희생을 최소화해야 한다: 100점' 사이에 선호를 평가하라고 했을 때 참가자들의 점수 중앙값은 무려 85점이었다. 이러한 '공리주의적 판단'은 정도가 덜하기는 하지만 동료나 가족이 타고 있는 상황에서도 여전히 우세했다. 하지만 동시에, 이러한 강제 선택 상황에서 자율주행 자동차가 승객을 희생시키는 알고리즘을 탑재하고 있다면, 응답자들은 그러한 자율주행 자동차를 구입하지 않겠다는 의사를 표명했다.[그림22] 다시 말해, 타인은 '공리주의적 선택을 하도록 프로그래밍된 자율주행 자동차'를 구입하기를 바라면서, 동시에 자신은 '승객을 우선적으로 보호하는 자율주행 자동차'를 구입하기를 원하는 것이다.[2]

정답이 있을 수 없는 상황이다. 그래서 플릿우드 박사는 공중보건 영역의 전문가들이 지금부터라도 자율주행 자동차의 설계 단계에서부터 깊숙이 개입해서 형평성과 안전 등 공중보건의 가치들이 반영될 수 있도록 해야 한다고 주장한다. 덧붙여 자율주행 자동차와 관련된 공중보건과 윤리 이슈들에 대한 시민의 인식을 제고해야 한다는 점도 지적했다.

이러한 주장은 한국 사회에도 유효하다. 통계청 발표에 의하면 2016년 한국에서 교통사고로 사망한 사람의 수는 4,292명이다. 자율주행 자동차가 도입되면 이 가운데 상당수의 생명을 구할 수 있을 것이다. 하지만 이러한 명백한 편익과 더불어, 구입 부담 능력에 따른 격차, 강제 선택 상황에서의 윤리적 딜레마, 운수 노동자의 일자리 같은 문제들도 동시에 제기될 것이다. 간단한 문제가 아닌 것이다.

그럼에도 현재 국내의 논의는 '시장 선도', '성장 동력', '규제 완화', '경제 혁신' 등 전통적 개발 담론에서 벗어나지 못하고 있다. 국토교통

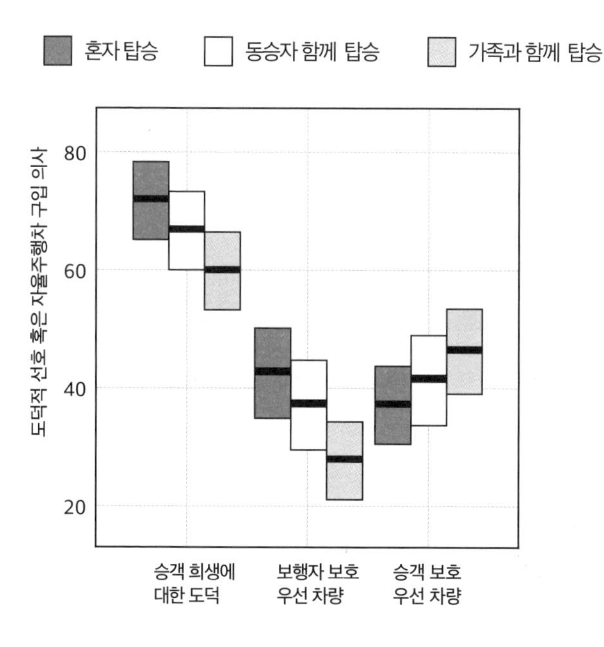

[그림22] 왼쪽: 자율주행 차량이 다수 보행자의 목숨을 구하기 위해 승객을 희생시키는 것에 대한 도덕적 선호를 보여 준다. 심지어 동료나 가족이 타고 있는 경우에도 이 선호 경향은 유지된다. 가운데: 그러나 똑같은 상황에서 다수 보행자의 보호를 우선으로 하는 알고리즘을 탑재한 차량을 사겠다는 의향은 낮았고, 특히 가족이 타고 있는 경우는 더욱 낮았다. 오른쪽: 똑같은 상황에서 승객을 보호하는 알고리즘을 탑재한 차량을 구입하겠다는 경우는 특히 가족이 타고 있는 상황에서 더욱 두드러졌다.(두꺼운 선은 평균을, 네모 상자는 평균의 95% 신뢰 구간을 나타낸다.)

부가 '다양한 규제 등 관련 애로 사항을 선제적으로 해결'하기 위해 협력해야 할 관계 부처들을 호명할 때 보건복지부 이름은 거론조차 되지 않았다.

역사적으로 새로운 기술은 항상 새로운 편익과 함께 새로운 위험, 새로운 윤리적 딜레마를 가져왔다. 기후 온난화를 완화하는 청정에너지라고 각광받은 바이오디젤이 열대우림의 파괴와 저개발국가 식량 문제를 가져온 것이 한 가지 사례이다. 우리 사회도 자율주행 자동차를 경제 발전, 혹은 공학 기술만의 문제가 아니라 공중보건 이슈로 바라보는 관점이 필요하다. 또한 이러한 새로운 기술이 가져올 윤리적 딜레마에 답할 수 있는 사회적 합의, 시민적 합의가 절실하다. 현대 사회에서 과학은 축복이면서 동시에 재앙일 수 있는데, 이를 축복으로 바꾸는 길은 오로지 '회의(懷疑)하는 대중의 집단지성(collective intelligence)'이라고 강조했던 칼 세이건의 주장은 시간이 흐를수록 더 중요해지고 있다.

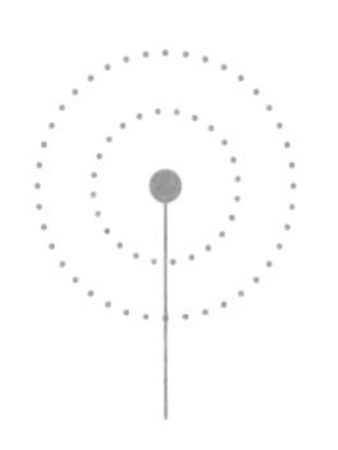

전쟁은 무시된 건강의 문제다

전쟁이
건강에 미치는 영향

불과 지난겨울까지만 해도 한반도에 일촉즉발의 군사적 긴장이 감돌았다. 미국과 북한의 정상들은 '분노와 화염' '괌 포위 사격'이라는 살벌한 언어 협박은 물론, 상대방에게 '미친개, 늙다리 미치광이, 불망나니', '리틀 로켓맨' 같은 인신공격까지 서슴지 않았다. 당장 내일이라도 한반도 상공에 미사일이 날아다닐 것만 같았다. 그러나 평창 동계올림픽을 전후로 조금씩 화해의 분위기가 감지되더니, 요즘은 한반도 평화에 대한 장밋빛 전망 일색이다. 보수와 진보의 입장을 떠나, 이

땅에서 전쟁을 피할 수 있을 것이라는 기대에 모두가 이 상황을 반기고 있다.

TV나 인터넷을 통해 뉴스를 관전하는 '외부자'들에게 전쟁은 스펙타클이자 특별한 국제 정치 사건이지만, 전쟁에 휘말린 보통 사람이 경험하는 것은 전혀 다르다. 전쟁이 몸과 마음에 남기는 상흔은 일반적으로 생각하는 것보다 훨씬 깊고, 오래 간다.

한국전쟁 당시 태어난 이들의 건강 결과 비교

승전이든 패전이든, 전쟁이 사람들에게 비극적 손실을 가져온다는 사실에 대해서는 이견이 없다. 예컨대 2차 세계대전으로 인한 사망자 숫자는 군인 약 2100~2550만 명, 민간인 약 2900~3050만 명이며, 전투가 아니라 기아와 질병 때문에 사망한 민간인도 1900~2800만 명 정도 되는 것으로 추정된다.[1] 한국전쟁에서도 최소한 250만 명 이상이 목숨을 잃은 것으로 알려져 있다.[2]

전쟁이 건강에 미치는 부정적 영향은 단지 사망이나 신체장애에만 국한되지 않는다. 베트남 참전 미국 병사들로부터 확인된 외상 후 스트레스 장애(Post-Traumatic Stress Disorder)를 비롯하여 전쟁은 매우 다양한 정신 건강 피해를 낳는다. 또한 영향을 미치는 시간 범위도 넓다. 전쟁 후 30~40년이 지나도 그 효과가 지속된다는 것이다.

더 안타까운 것은 전쟁이 건강에 미치는 악영향은 한 세대에서 그치지 않는다는 점이다. 서울대학교 이철희 교수가 2017년 국제 학술지

《아시아 인구학 연구》에 발표한 논문은 한국전쟁 당시 어머니 배 속에 있었던 태아들이 출생한 이후 나이가 들어 중고령자가 되었을 때도 그 영향이 남아 있다는 사실을 보여 준다.[3]

한국전쟁은 1950년 6월 25일에 개전하여 1953년 7월 27일 휴전이 선포되었다. 논문 저자는 전쟁 초기에 어머니 배 속에 있었던 1951년 출생자들과 이 시기 전후 출생자들의 2010년 시점 건강 결과를 인구총조사 자료를 이용하여 비교했다.

1945년에서 1959년까지 연도별 출생자들의 건강 상태를 살펴보면, 출생 연도가 최근일수록 건강 결과는 전반적으로 좋아졌다. 그런데 유독 1951년 출생자들은 이러한 추세에서 벗어나 있었다. 1951년에 태어난 남성은 평가 대상이었던 여덟 개의 건강 결과, 즉 장애, 의사소통의 제한, 이동 능력의 제한, 정신장애, 인지 능력의 제한, 기본적 활동의 제한, 외출의 제한, 근로 능력의 제한 모두에서 유의미하게 나쁜 점수를 기록했다. 1951년 출생 여성은 여덟 개 영역 중 이동 능력 제한과 정신장애를 제외한 여섯 개 영역에서 건강 수준이 낮았는데, 격차 또한 남성보다 작았다.

논문 저자는 전쟁의 고통을 더 많이 겪을수록 건강 결과가 더 나빠질 것이라는 양-반응 관계 가설을 검증하기 위해 남한의 북부를 '중부' 지역으로 정의하고 추가 분석을 수행했다. '중부' 지역은 북한군이 진주했고, UN군 폭격 피해를 남부 지역보다 더 많이 받았으며, 두 번이나 북한군이 점령하면서 거주자들이 두 번 피난을 떠나야 했던 지역이다. 이 지역에서 태어난 이들만을 추출하여 따로 분석했을 때, 남성의 경우 건강 결과의 악화가 영역에 따라 1.3~2배까지 크게 나타났다. 여성의 경우에도 1.5~3.8배에 이르는 건강 결과의 악화가 나타난 동시에, 이전에 유의미한 건강 영향이 관찰되지 않았던 두 개 영역(이동 능력의 제한, 정신장애)에서도 건강 영향이 드러났다. 저자는 어머니 배 속에서 겪은 전쟁 스트레스가 장기간에 걸쳐 부정적 영향을 발생시킨 것으로 추정된다고 결론 내렸다.

다음 세대의 건강까지 좌우하는 전쟁

어떻게 이런 결과가 나타나는 것일까? 영국 런던 대학교 데바쿠마 교수 연구팀은 전쟁이 건강에 미치는 영향을 다룬 연구들을 종합하여 2014년 국제 학술지에 발표한 바 있다.[4] 이 논문에 따르면, 전쟁이 다음 세대의 건강에 영향을 미치는 기전은 두 가지로 설명할 수 있다.

첫째, 자궁 내에서 발생하는 선천성 감염으로 인해 조산이 늘어나면서 아이들은 감염에 더 취약해진다. 이런 아이들이 전쟁으로 인해 영양이 부족하고 질병이 만연하며 보건의료 서비스도 부족한 환경에서 자라면서 건강 취약성이 더욱 심해진다는 것이다.

두 번째 경로는, 전쟁 지역에서 자라난 아이는 전쟁 자체가 주는 스트레스에 더해 모성의 정신 건강 문제까지 경험하면서 건강이 악화되기 더 쉽다는 설명이다. 예컨대 전쟁 때문에 지속적 스트레스 상태인 부모에게서 태어난 아이는 선천적으로 코르티솔(급성 스트레스에 대한 반응으로 분비되는 스트레스 호르몬) 반응에 결함이 생기고, 그러다 보니 이후 살아가면서 마주치는 스트레스 경험에 대처하기 어려워진다는 것이다.

뿐만 아니라 전쟁으로 인한 환경오염 피해도 지적할 수 있다. 이탈리아 연구팀의 분석에 의하면, 2009년 이스라엘의 가자지구 공습을 겪은 부모들에게서 태어난 신생아들에게 선천성 기형이 빈번하게 관찰되었다. 연구팀이 갓난아기들의 머리카락에서 중금속 농도를 측정한 결과, 정상 출생아에 견줘 선천성 기형을 가진 아기들의 머리카락에서 주석·수은·셀레늄 등의 농도가 유의하게 높았고 절반에서는 세 가지 중금속이 동시에 높은 농도로 검출되었다. 이미 가자지구에서는 2006년과 2009년 이스라엘의 공습으로 다친 환자들의 상처에서 기형과 태아 독성을 일으킨다고 알려진 납·우라늄·알루미늄·티타늄·수은·주석 등이 확인된 바 있다. 연구팀은 공습 이후에도 유해한 잔해물이 오랫동안 주변 환경과 엄마의 몸 안에 남아 있다가 배 속의 아이들에게 영향을 미친 것이라고 추정했다.[5]

전쟁은 고차원의 국제정치 문제이지, 보건 문제라고 생각하는 이들은 별로 없다. 하지만 전쟁은 이를 직접 경험한 이들은 물론 다음 세대에까지 신체적, 정신적 고통을 남긴다는 점에서 심각한 건강 문제이다. 인명 피해의 규모가 크고 그 영향이 장기적이라는 점을 본다면 전쟁 그 자체를 막는 것은 가장 효과적인 공중보건 정책이 될 수 있다.

한반도의 평화 체제를 기대하며 안도의 한숨을 내쉴 수 있게 되었지만, 세계 곳곳이 여전히 전쟁, 내전으로 신음하고 있다. 시리아와 이라크, 터키, 예멘, 사헬, 콩고민주공화국, 남수단, 아프가니스탄, 미얀마, 우크라이나 등지에서 지난 수년간 작게는 수천 명, 많게는 수십만 명이 목숨을 잃었다. 또한 전쟁과 폭력의 불안정한 상황 때문에 생활의 기반을 빼앗기거나 난민이 된 이들도 수백만 명이 넘는다. 오늘 당장 모든 전쟁이 멈춘다 해도 앞서 살펴본 연구에서처럼 그 피해는 향후 수십 년 이상 지속될 것이다. 인도주의의 위기, 국제 공중보건의 위기다.

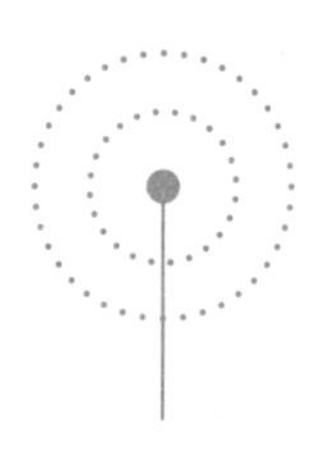

정치는 가장 중요한 '건강 결정요인'

과학기술의 발전과 사회보장제도의 발달은 인류가 처한 어려움을 기술적으로 해결하고 예상치 못한 위기 상황에서 든든한 버팀목이 되어 줄 것이라는 기대를 낳았다. 이론적으로라면, 과학기술이나 사회보장제도의 발전은 전반적인 건강 수준은 물론 건강 불평등을 완화하는 방향으로 작동하는 것이 마땅하다. 하지만 3장의 내용에서 살펴보았듯, 이것들은 언제고 실패할 수 있으며 그 폐해는 원래의 일차적 문제를 뛰어넘기도 한다.

예컨대 산재보험 제도는 대부분의 국가에서 역사적으로 가장 먼저 도입된 사회보장제도일 만큼 그 필요성과 의미가 각별하다. 아직도 전 국민 건강보장 체계를 갖추지 않은 미국조차 이미 1920년대에 거의 모든 주에서 산재보상법을 제정했고, 한국에서도 사회보험 중 가장 앞선 1963년에 도입되었다. 사업주 입장에서는 강제적 보험 가입을 통해 위험을 분산하고, 노동자 입장에서는 아픈 기간 동안 소득을 보전해 주고 적절한 치료와 재활 서비스를 통해 일터로 복귀할 수 있도록 도와주는 중요한 안전망이다. 하지만 현실은 이처럼 이상적이지 않다. 콜롬비아의 사례가 이를 잘 보여 준다. 한국의 상황도 크게 다르지 않다. 2017년 말 현재 국내 산재보험기금의 누적 적립액은 총 15조 7893억 원에 이른다. 그럼에도 여전히 노동자들은 산재를 인정받기 위해 수년의 법정 투쟁을 벌이고 있다.

콜롬비아 사례가 산재보험과 다른 사회보험의 연관성을 분석했다면, 잉글랜드의 사망률 급증 분석 논문은 보건과 복지 제도 연계의 중요성을 잘 보여 준다. 사회적 돌봄에 대한 긴축이 병원을 사회적 입원 시설로 만들고, 그로 인해 정작 입원 치료가 절실한 환자들의 치료가 늦어지면서 사망률이 급증한 사례는 특정 사회 정책이 개별적으로 작동하는 게 아니라는 점을 설득력 있게 제시한다.

또 다른 사회 정책인 주거 정책 또한 건강하고 안전한 삶의 공간을 보장해 준다는 점에서 중요한 '건강 정책'이지만, 이러한 측면은 흔히 간과된다. 한국에서 지난 수십 년 동안 주거 정책은 부동산 정책이었고, 부동산 정책은 투자 정책, 개발 정책인 경우가 대부분이었다. 호주

연구팀의 논문이 보여 준 것처럼 주택 가격이 상승하면 주택 소유자와 세입자 사이의 건강 격차가 벌어진다. 그러나 이러한 점은 전혀 고려되지 않은 채 시세 차익과 투자 가치만이 부동산 정책의 초점이 된 것이다. 이러한 종류의 부동산 부양 정책은 사실상 건강 불평등 악화 정책에 다름 아니다.

환경 정책이 가져온 건강 불평등도 눈여겨볼 만하다. 환경오염을 발생시키는 오염원에 대한 사회적 규제와 감시 조치가 불충분할 때, 사람들은 개별적으로 자기 보호에 나서게 된다. 그리고 그 결과는 구매력에 따른 오염 노출의 불평등이다. 중국의 사례가 바로 이를 보여준다. 이는 환경 정의(environmental justice)라는 가치에 역행하는 것이다.

사람을 중심에 둔, 건강과 안전을 중심에 둔 사회 정책의 연계와 조율이 중요하다는 점을 이들 사례들은 공통적으로 보여 주고 있다.

한편 과학기술의 발전은 편익과 더불어 예상치 못한 위험이나 윤리적 딜레마를 낳기도 한다. 문제는 미래에 대한 낙관에 사로잡히거나 기술을 무비판적으로 수용하면서 이러한 점들을 충분히 고려하고 사전 대비하지 않는다는 것이다. 우리는 러다이트가 아니며, 과학기술이 없었던 '아름답고 목가적인 시대'로 돌아가자고 하는 사람들은 더더욱 아니다. 자연과 평화롭게 공존하던 시절, 감염병과 기근으로, 혹은 전근대적 신분제도와 억압으로 수많은 사람들이 목숨을 잃거나 비참한 예속의 나날을 살아가야 했다. 특히나 여성들 입장에서, 과거는 결코 돌아가고 싶지 않은 세상이다. 과학기술은 많은 경우 인간 해방의 도구로 활용되었지만, 새로운 억압의 도구로 되돌아오기도 한다. 스마트폰이나 위치 기반 추적 장치, 소셜미디어 등이 기존의 젠더 폭력을 강화하는 수단으로 활용되고 있다는 호주 팀의 연구는 이를 잘 보여 준다. 한국의 디지털 성범죄, 소셜미디어를 통한 가짜 뉴스와 혐오 담론의 확산을 보고 있노라면, 이러려고 과학기술이 발전했나 하는 회의가 절로 드는 것도 사실이다. 그러나 과학기술은 우리의 역량에 따라 사람을 해치는 무기가 될 수도 있고 또 수많은 사람의 생명을 구하고 안전을 보장하는 도구가 될 수도 있다. 그래서 과학기술에 대한 사회적 통제와 시민적 감시는 중요하다.

이는 자율주행차 같은 '인간을 위한 기술'에서도 마찬가지이다. 인공지능을 통해 도로 안전을 획기적으로 개선할 수 있지만, 위기 상황을 판단하는 알고리즘의 선택은 결코 기술의 문제가 아닌 사회적 가치와 규범의 문제이다. 2016년 봄, 마이크로소프트가 야심차게 출시한 인공지능 트위터 챗봇 테이(Tay)를 하루 만에 비활성화시킬 수밖에 없었던 사연은 이 문제의 중요성을 잘 보여 준다. 일부 악의적인 트위터 사용자들이 테이에게 인종주의적 발언을 학습시켰고, 테이는 점차 인종주의적 발언을 내뱉더니 급기야 히틀러를 찬양하는 포스팅까지 하게 되었다. 마이크로소프트는 서둘러 사과하고 테이를 비활성화시킬 수밖에 없었다.[1] 이런 면에서, 한국 사회가 보여 주는 첨단 과학기술에 대한 무비판적 숭배와 산업적 가치에 대한 배타적 고려는 매우 우려스럽다. 우리는 과학기술이라는 도구를 윤리적으로, 공정하게 다룰 줄 알아야 한다.

이 모든 것, 사회 정책의 설계와 운용, 과학기술의 통제와 감시를 어떻게 할 것인가, 그리고 앞서 1장과 2장에서 다룬 '건강의 사회적 결정요인'은 포괄적 의미의 '정치'를 통해 작동한다. 정치는 선거를 통해 대통령을 선출하고 국회에서 입법을 하는 것 그 이상이다. 그리고 이러한 정치 행동의 가장 극단에는 전쟁이 존재한다. 우리는 3장에서 전쟁이 가져온 공중보건 영향, 특히 세대를 넘어 지속되는 불건강의 유산을 살펴보았다. 지금 이 글을 쓰는 순간에도 팔레스타인에서는 총성이 지속되고 있다. 어린이 사상자들에 대한 언론 보도도 줄을 잇는다. 사실 이건 전쟁이라기보다 이스라엘의 일방적인 가학 행위일 뿐이다. 미국을 제외한 국제사회가 한목소리로 비난하는, 존 롤즈가 주창한 '무지의 베일'에서라면 도저히 받아들일 수 없는 불의가 현존하도록 만드는 힘, 그게 바로 정치이기도 하다.

이런 면에서 정치야말로 가장 중요한 '건강 결정요인'인 셈이다. 한 세기 전 병리학자 루돌프 피르호(Rudolf Virchow)가 했던 유명한 격언 "의학은 사회과학이며 정치는 대규모의 의학일 뿐이다"는 오늘날 여전히, 아니 더욱 유효하다.

4

건강 불평등 사회를 함께 헤쳐 나가려면

어떤 청소년들이 성 소수자 괴롭힘에 맞서나

최저임금 올려야 어린이 건강도 좋아진다

노르웨이 임신중절 진료 형태, 완전히 바뀐 까닭은?

함께 극복하는 재난의 공동체

암 치료에도 '동네 의사'가 중요하다

진료 과정에서 '건강의 사회적 요인'에 대해 묻기

솔직한 무의식, 올바름을 위한 의식적 노력

연대의 공동체가 우리를 지킨다

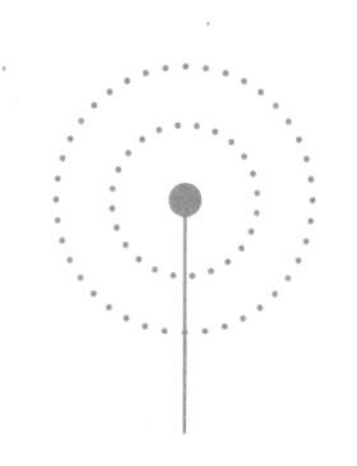

어떤 청소년들이 성 소수자 괴롭힘에 맞서나

혐오 반대가 위험하다고 말하는 사회에서

벌써 까마득한 과거 같지만 2016년 제20대 국회의원 선거는 여러 면에서 화제였다. 우선 당시 다수의 예측과 달리 여당이 과반수를 얻는 데 실패했다. 전통적인 여당 강세 지역구에서 야당 의원이 당선되는 이변이 잇따라 일어났다. 그런가 하면 필리버스터로 높은 국민적 지지를 받았던 야당 의원이 재선에 실패하기도 했다. 하지만 무엇보다 '참신한' 것은 이슬람과 동성애 반대를 전면에 내건 기독교 정당의 등장이었다. 심지어 이들은 60만 표를 넘게 획득했다. 뉴허라

이즌스 호가 명왕성을 지나고, 알파고와 이세돌 9단이 격돌하는 21세기에 벌어진 일이다.

사실 이런 일이 벌어질 조짐은 충분했다. 열혈 혐오주의자들의 신실한 믿음, 저돌적 행동력은 차별금지법 입법에 참여했던 정치인들을 후퇴하게 만들었고, 선거에서 유력한 야당 후보마저 혐오 발언에 가담하도록 만들었다. 성 소수자에 대한 적극적 지지는 고사하고 동성애 혐오에 반대한다는 이야기마저도 '위험한' 것이 되어 버렸다. 많은 이들이 '괜히 시달리는 것을 피하기 위해' 혐오와 차별을 못 본 체하는 상황에 대해 우려하지 않을 수 없다. 당사자들이 목소리를 내기 어려울수록 제3자의 개입과 도움이 절실하기 때문이다.

가해자와 피해자만큼이나 중요한 제3자

인종이나 성 정체성 같은 '편견'에 기초한 따돌림은 많은 사회에서 심각한 문제가 되고 있다. 학교 폭력이나 집단 따돌림 역시 한국만의 문제는 아니다. 그동안 많은 연구들이 학교 폭력이나 따돌림의 가해자, 혹은 피해자의 문제에 집중해 왔다. 하지만 이 문제를 해결하는 데에는 다수를 차지하는 제3자의 역할이 중요하다. 보스턴 대학교의 포티엣(Poteat VP) 교수팀은 2016년《학교심리학회지》에 발표한 논문에서 성 소수자 괴롭힘의 가해자와 피해자가 아닌, 제3자들의 개입에 주목했다.[1]

취약한 조건에 처한 피해 당사자들만의 노력이나 투쟁으로는 상황을 변화시키기 매우 어렵다. 다수의 제3자들이 이러한 폭력/괴롭힘 행동을 목격하고 아무런 개입을 하지 않는 것은 암묵적으로 그러한 행동을 승인, 동조하는 것이나 다름없다. 가해자에게는 그렇게 해도 괜찮다는 메시지를, 피해자에게는 도움받을 곳이 없다는 절망의 메시지를 주는 셈이다. 피해자와 비슷한 처지에 놓인 성 소수자 학생들이 적극적으로 피해 학생을 옹호하는 것도 현실에서는 매우 어렵다. 그들 자신이 이미 한계 상황에 처해 있고, 섣불리 나섰다가 더한 피해 당사자가 될 수도 있기 때문이다. 따라서 어떤 학생들이 이러한 폭력 상황에서 적극적으로 개입하는지 파악하는 것은 학교 폭력이나 따돌림 문제를 해결하는 개선안을 만드는 데 중요한 단서를 줄 수 있다.

연구팀은 미국 뉴잉글랜드 지역의 한 고등학교에서 설문을 통해 동성애 혐오 행동을 얼마나 자주 목격했는지, 목격 당시 피해 학생을 옹호하기 위해 어떤 행동을 취했는지 파악했다. 또 성별과 나이, 성 정체성, 리더십 성향, 정의(正義)에 대한 감수성 수준, 이타심과 용기 성향, 성 소수자 친구의 숫자 등도 함께 조사했다.

동성애 혐오 행동을 목격했을 때 피해자를 옹호하기 위해 취한 행동에는 '사건에 대해서 어른에게 알렸다, 그러한 행동을 말렸다, 피해 학생의 편을 들어 주었다, 피해 학생을 돕기 위해 다른 사람들을 불러왔다, 피해 학생이 사건을 어른에게 알리도록 도왔다, 해당 사건을 비판하는 목소리를 냈다, 그런 행동에 가담하지 않기 위해 거리를 두었다(온라인상에서 혐오 내용을 리트윗하거나 코멘트를 남기지 않았다)'의 보기 중에서 해당하는 것들을 표기하도록 했다.

조사에 참여한 722명의 학생들 중에는 여학생이 55.5%, 백인이

87.3%였으며, 86.4%가 스스로를 분명한 이성애자라고 밝혔다.

조사 결과, 놀랍게도 67%의 학생들이 지난 한 달 이내 최소 한 번 이상 동성애 혐오 행동을 목격한 것으로 나타났다. 성 소수자 학생들일수록 이러한 사건을 더 자주 목격했으며, 남녀 차이는 없었다.

한편 지난 한 달간 이러한 사건을 목격했을 때 최소 한 번 이상 이를 저지하기 위해 개입했던 경험이 있다고 응답한 학생도 78%나 되었다. 여학생인 경우, 리더십 성향이 강하거나 용기, 이타주의 성향이 강한 경우, 정의에 대한 민감성이 높은 경우에 개입 빈도가 높았고, 성 소수자 친구들이 많은 학생일수록 적극적으로 상황에 개입하는 경향이 있었다.

적극적인 제3자, 어떻게 양성할 수 있을까

다른 연구들에서와 마찬가지로, 여학생들은 남학생들에 비해 성적 편견이 적은 경향이 있었다. 연구팀은 이러한 현상이 남학생들의 사회화 경험과 관련 있다고 주장했다. 대개 남학생과 남성 청년들은 동성애 혐오적인 남성성 규범을 갖거나 옹호하도록 사회화된다. 따라서 동성애 혐오 행동에 반기를 들었을 때 또래들로부터 보복당하지 않을까 하는 두려움이 있고, 또 스스로의 남성성 믿음에 부합하는 경향이 있기 때문에 개입을 덜 한다는 것이다. 연구팀은 남학생들이 부당한 혐오 행동에 맞서는 걸 주저하게 만드는 상황을 이해하고, 이를 변화시킬 수 있는 프로그램을 고안할 필요가 있다고 제안했다.

한편 리더십이나 용기, 이타심 성향, 정의에 대한 감수성 등은 일정 정도 개인의 타고난 성향이기도 하지만, 적극적으로 육성되는 것들이기도 하다. 연구팀은 동성애 혐오에 맞서는 적극적인 3자 개입이 많아지면, 이러한 혐오 행동이 줄어들고 상호 존중의 문화가 촉진될 수 있다는 점을 강조하면서, 이러한 성향을 적극적으로 양성할 수 있는 프로그램이 필요하다고 결론 내렸다.

또한 실질적인 개입의 기술을 개발하고, 이러한 상황을 목격했을 때 학생들이 갖게 되는 부담을 해결할 수 있도록 학생들과 함께 토대를 만들어 나가는 것이 필요하다는 주장도 제기했다. 만일 피해자를 옹호했을 때 그에 대한 2차 가해를 학교가 그대로 방치한다면, 아무리 정의감과 이타심이 강한 학생이라도 다시 적극적 개입을 하기는 어렵기 때문이다.

꼭 성 소수자에 대한 혐오 문제가 아니더라도, 학교 폭력과 따돌림 문제를 해결하려면 소수의 가해자/피해자에 대한 처벌/보호만큼이나 용감하고 양식 있는 다수의 청소년을 키워 내는 것이 필요해 보인다. 실제로 네덜란드의 한 연구는 성적 다양성을 포함하는 포괄적인 섹슈얼리티 교육을 시행한 결과, 성 소수자에 대한 괴롭힘을 목격했을 때 더 많은 학생들이 이를 제지하려 했으며 괴롭힘 행동 자체가 줄어들었다는 점을 보고했다. 이러한 교육을 하는 것 자체가 성 소수자 청소년들에게 학교 환경이 안전하다는 시그널을 줄 수 있었다.[2] 또한 미국 학교들에는 성 소수자 학생들의 인권을 옹호하는 '동성애자-이성애자 연합(Gay-Straight Alliance, GSA)'이 결성된 곳이 많은데, 이러한 조직의 존재가 성 소수자 청소년들의 괴롭힘 피해, 안전에 대한 공포, 반동성애적 혐오 발언 경험을 줄이는 데 효과가 있다는 논문이 발표되기도 했다.[3] 즉 앞서 소개한 연구처럼 학생 개개인의 정의감이나 특징도 중요하지만, 이러한 특성들을 촉진하고 사회적 소수자에 대한 혐오 행동에 적극적으로 개입할 수 있도록 만드는 교육과 훈련, 환경이 중요하다는 것이다.

한국 현실을 돌아보면 암울하다. 청소년들의 정의감과 이타심을 고양시키고, 평등한 성 규범을 심어 주기는커녕 재단 비리를 고발한 교사가 해임되고, 페미니즘 교육을 한 초등학교 교사는 갖은 인신공격에 시달렸으며, 선거 과정에서 인종적/성적 혐오를 전면에 내세운 공당은 아무런 제재도 받지 않았다. 과연 이런 어른들의 모습들은 청소년에게 어떤 시그널을 주고 있을까? 그저 청출어람 하기만을 바라면 되는 것일까?

가만히 두었을 때 역사가 저절로 진보한 적은 없다. 청소년들에게는 적극적인 인권 교육을, 혐오와 편견에 대해서는 강력한 사회적 제재를 통해 자라나는 세대에게 올바른 시그널을 주어야 한다.

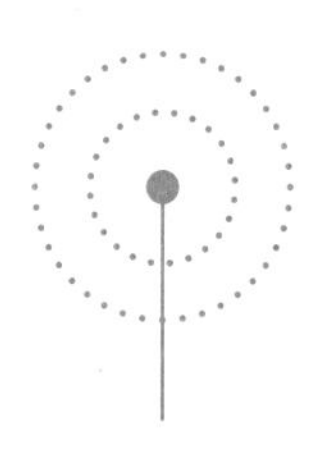

최저임금 올려야 어린이 건강도 좋아진다

영아 사망률과 출생 시 체중에 대한
최저임금 인상의 효과

2018년 최저임금은 시간당 7,530원이다. 2017년 최저 시급이 6,470원이었으니 무려 16.4%가 인상된 셈이다. 물론 그동안 시민 사회와 노동계가 요구해 왔던 '최저 시급 1만 원'에 비하면 기대에 못 미치는 결과이긴 하지만, 지난 2001년 이후 17년 만의 최대 인상 폭이라고 한다. 고용노동부 발표에 의하면 월 209시간을 기준으로 최저 157만 3천 770원의 월급을 받게 되며, 이 제도의 직접적 영향을 받는 노동자가 약 463만 명이라고 한다. 전체 노동자의 23.6%가 여기에 해당한다

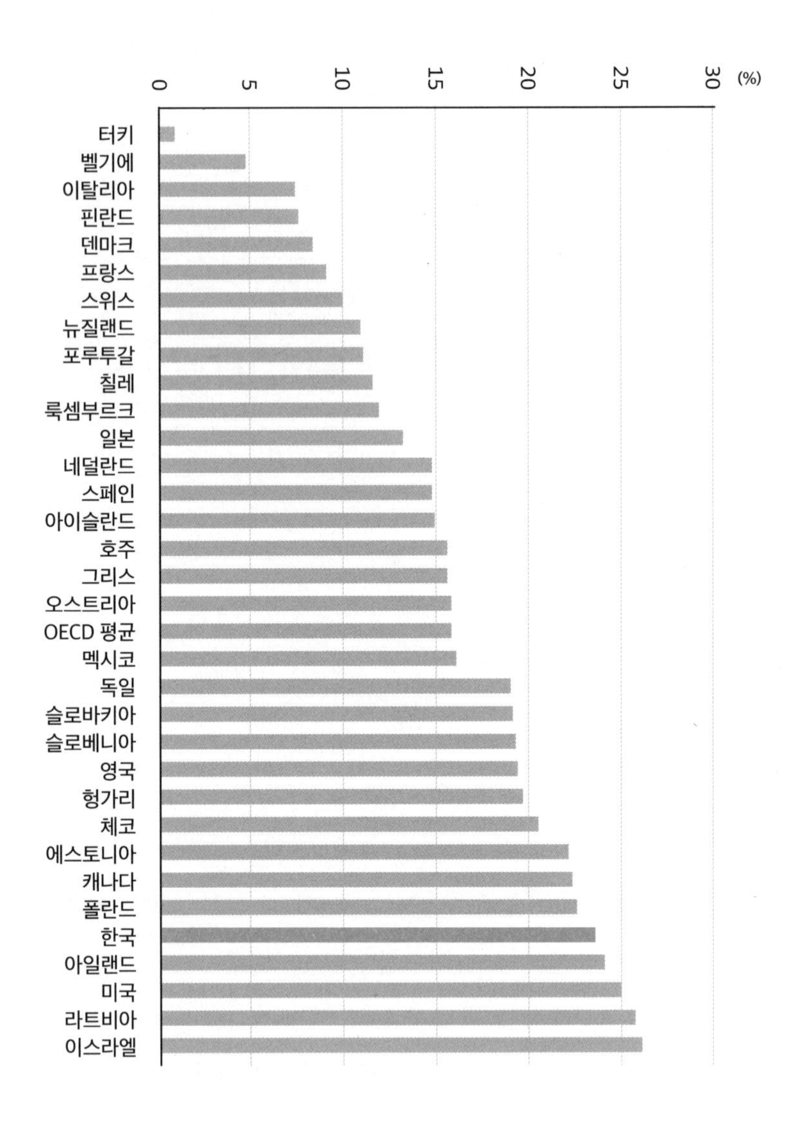

[그림23] OECD 회원국들의 저임금(근로소득 중앙값의 2/3) 노동자 비율(2014~2016년)
(출처: OECD, 2018)

고 하니 중요한 진전임에 틀림없다. 하지만 뒤집어 생각해 보면 노동자 네 명 중 한 명이 여전히 최저임금을 받고 있다는 사실이 놀랍기도 하다. 실제로 한국은 OECD 회원국 중에서도 저임금 노동자의 비율이 가장 높은 군에 속한다.[그림23]

소득은 자본주의 사회에서 여러 상품과 서비스를 구매할 수 있는 직접적 수단이자 자원이다. 소득에 따른 건강 격차는 그동안 전 세계적으로 수많은 연구를 통해 확인된 바 있다. 이제 필요한 연구는 조세 정책이든 소득 보장 정책이든 임금 불평등을 완화하고 저소득층의 소득을 높이는 정책을 실시하고 그 영향을 확인하는 것이다. 최저임금 정책의 건강 영향을 평가하는 것도 그중 한 가지라 할 수 있다.

주별 최저임금의 차이가 가져온 효과

지난 2016년 미국 에모리 대학교 콤로(Komro KA) 교수의 연구팀은 《미국공중보건학회지》에 "영아 사망률과 출생 시 체중에 대한 최저임금 인상의 효과"라는 논문을 발표했다.[1] 출생 시 저체중은 영아 사망을 일으키는 가장 중요한 요인 중 하나이며, 성인기에 심혈관 질환과 대사증후군 발병 위험을 높이는 등 장기적으로도 부정적 효과를 미친다. 그리고 이는 모성이 처한 물질적 환경과 사회심리적 환경에서 저소득의 부정적 효과를 보여 주는 민감한 지표이다. 이런 면에서 영아 사망률과 저체중아 출산은 소득 보장 정책의 건강 영향을 평가하기에 적합한 지표라 할 수 있다. 연구팀은 미국에서 지난 30년간 주별로 최저임금 기준 설정이 달랐다는 점을 일종의 '자연 실험'으로 간주하여, 최저임금 차이에 따른 영아 사망률과 출생 시 저체중의 변화를 분석했다.

연구팀은 1980년부터 2011년까지 법의 발효 시점을 기준으로 주(state)별, 월(month)별 최저임금 수준을 확인하고 연방 최저임금과의 차이를 계산했다. 또한 동일한 시점에 대해 저체중(2500g 미만) 출생아의 출생률, 신생아 후기 사망 자료를 수집했다. 신생아 후기 사망률은 출생아 중 생후 24일~364일 이내에 사망하는 영아의 빈도를 나타낸다. 이는 주로 선천성 질환이나 분만 과정의 문제로 발생하는 신생아 사망(생후~28일 이내)과 달리, 영아가 처해 있는 환경의 효과를 반영할 가능성이 크다. 또한 영아 사망률에 영향을 미칠 수 있는 다른 변수들, 예컨대 주별 모성 평균 연령, 아프리카계 미국인의 비율, 빈곤율, 담배 판매 규모 등도 조사했다. 연구팀은 이들 자료를 이용하여 이중차이분석(difference in difference analysis) 기법을 적용했다. 이는 정책 개입 전-후 시점에서 정책 수혜 집단과 비수혜 집단의 변화를 비교함으로써 정책의 순수한 효과를 추정하는 유사 실험 설계 방법이다.

관찰 기간 동안 총 206회의 최저임금 정책 변동이 확인되었고, 2011년 기준으로 가장 낮은 곳은 시급 5.58달러, 가장 높은 곳은 10.44달러를 나타냈다. 출생 결과와의 연관성을 분석한 결과, 주의 최저임금이 연방 기준보다 높은 경우에는 일관되게 건강 결과가 나은 것을 확인할 수 있었다. 분석 모형에 의하면, 주의 최저임금이 연방 최저임금 기준보다 1달러 높아질 때마다 저체중아 출생은 1~2% 감소하고, 영아 사망률은 4% 내외 감소하는 것을 확인할 수 있었다. 영아 사망에 영향을 미치는 다른 요인을 고려했을 때는 물론 정책 영향의 시간 지체를 고려한 분석 모형에서도 비슷한 결과를 확인할 수 있었다.

겨우 1~2% 변화라는 것이 실감 나지 않을 수도 있다. 그러나 2014년을 기준으로 만일 모든 주가 최저임금을 1달러 인상한다면, 이를 통해 얻을 수 있는 효과는 저체중아로 태어나는 아기들의 숫자를 2,790명 줄이는 것에 해당한다. 또한 신생아 후기 사망 사례도 518명 줄일 수 있는 셈이다. 한국에서 2016년에 사망한 영아가 총 1,154명이고 그 중에서 신생아 후기에 사망한 아기가 494명이었던 것을 본다면 이는 결코 작은 숫자라고 할 수 없다. 미국에서 조산이나 저체중아 출산으로 인해 초래되는 사회적 비용과 의료비 지출이 2005년에 262억 달러였다고 한다. 하물며 가족들의 고통과 슬픔은 돈으로 환산할 수조차 없다.

이 연구는 개인을 대상으로 한 분석이 아니기 때문에 가구나 모성 특성 등을 충분히 고려하지 못했다는 한계를 지니고 있다. 하지만 주별로 최저임금 수준과 도입 시기에 차이가 있다는 점을 이용하여 유사 실험 상황을 설계함으로써 최저임금과 저체중아 출산, 신생아 후기 사망률의 연관성을 보여 줄 수 있었다.

최저임금 인상은 훌륭한 아동 정책

최저임금 제도가 모든 이들에게 환영받는 것은 아니다. 국내에서도 주류 경제학계나 산업계는 최저임금 제도에 반대해 왔다. 최저임금이 인상되면 고용주들이 인건비 부담 때문에 오히려 고용을 축소하고, 그에 따라 실업과 비공식 부문의 고용이 늘어나서 오히려 노동자에게도 손해가 된다는 주장이다. 그러나 다양한 실증 자료를 분석한 많은 연구들은 최저임금 인상이 고용에 미치는 효과는 실질적으로나 통계적으로 유의미하지 않다는 결론으로 기울고 있다. 실제로 2006년에 노벨 경제학상 수상자 5명과 미국 경제학회 전임 대표 6명을 포함하여 650명의 경제학자들은 미국에서 최저임금을 인상하는 것이 '비판론자들이 주장하는 부정적 효과 없이 저소득 노동자들과 그 가족들의 삶을 유의미하게 개선할 수 있다'고 결론 내린 바 있다.[2]

역설적으로 덴마크, 스웨덴, 핀란드 같은 나라에는 법으로 정한 최저임금이 없다. 이들 나라는 공통적으로 노조 조직률이 높으며, 산업 부문별로 단체 교섭에 의해 최저임금 수준을 정한다는 것이 특징이다. 그러나 노조 조직률이 높지 않고 단체 교섭의 효력이 대다수의 노동자를 포괄하지 못하는 사회에서 최저임금제는 임금 분포의 말단에 있는 노동자들에게 매우 효과적인 정책 수단이다. 저임금 노동자일수록 노조가 조직되어 있지 못할 가능성이 높기 때문이다. 바로 한국의 상황이 그러하다. 2010년에 발간된 세계노동기구 보고서는 한국의 상황을 두고서 "한국의 상황은 특히 충격적이다. 2009년 노동조합 조직률이 12.2%까지 떨어졌는데, 저임금 노동자들 사이에서 노동조합은 거의 존재하지 않는다(2.2%)."라고 기술하기도 했다.

흔히 최저임금제는 '노동'과 관련된 문제이지, 아동 복지와 관련 있는 제도라고 생각하지 않는다. 아무래도 아동의 복지라면 아동 수당,

보육 시설 확대, 무료 예방접종처럼 직접 아동을 대상으로 하는 것들만을 떠올리게 된다. 그러나 최저임금제야말로 중요한 아동 복지 정책, 가족 정책 중 하나이다. 1999년 영국에서 최저임금제도가 도입된 것은 아동 빈곤이 증가하는 현실을 타개하기 위한 것이었다. 또한 2008/09년 세계경제위기 당시 ILO의 108개 회원 국가 중 절반이 긴축을 취하기보다 오히려 최저임금을 인상했는데, 이는 빈곤 예방과 구매력 보장을 통해 경제를 활성화하기 위한 것이기도 했다.

2017년 보건사회연구원이 발표한 연구 결과에 따르면, 2006~2015년 동안 전체 빈곤율에 거의 변화가 없었음에도 아동 빈곤율은 큰 폭으로 하락했다. 예컨대 중위소득 60%를 기준으로 한 아동 빈곤율은 2006년 16.8%에서 2015년 11.3%로 줄어들었다. 국제 비교에서도 이 정도면 꽤나 양호한 결과라고 할 수 있다. 연구팀은 이러한 현상이 가구의 근로소득 증가, 사회적 이전의 재분배 효과와 관련 있다고 지적하면서, 동시에 경제적 곤란에서 비롯된 결혼과 출산 연기의 가능성을 조심스럽게 추정했다. 아동 빈곤율과 합계 출산율이 뚜렷하게 같은 방향으로 움직이고, 또 청년 단독 가구의 빈곤율은 상승한 데 비해 기혼 청년 가구의 빈곤율은 크게 하락했기 때문이다. 연구팀은 국내에서 아동 빈곤을 감소시키기 위해 가구 내 성인의 근로 소득을 증가시킬 수 있는 정책적 수단과 공적 지출을 통한 소득 재분배를 강화해야 한다고 주장하면서, 동시에 출산율 감소 효과에 대한 추가 연구가 필요하다고 제기했다.[3]

최근 국내의 '저출산 예산'이 처음으로 30조 원을 돌파했다는 언론 보도가 있었다. 신생아 한 명당 거의 1억 원에 육박하는 금액이다. 이는 대부분 보육과 교육 부문에 집중되어 있다. 그러나 시민의 체감도는 낮고 그동안 쏟아부은 예산의 정책 효과도 그다지 없는 것으로 보인다.[4]

시야를 확대할 필요가 있다. 최저임금 인상이야말로 아동 빈곤율을 낮추고 아동의 건강도 증진할 수 있는 훌륭한 아동 복지 정책이자 보건 정책이다. 낮은 출산율과 인구 감소 상황 속에서 어린이 한 명 한 명이 소중하다고 생각하다면, 무엇보다 노동자의 임금을 인상해야 한다.

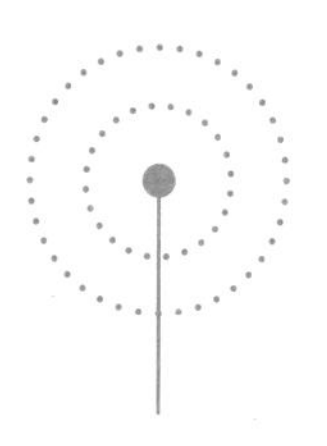

노르웨이 임신중절 진료 형태, 완전히 바뀐 까닭은?

임신중절, 내과적 방법을 허하라

낙태죄 처벌에 반대하고 임신 중단 합법화를 요구하는 여성들의 목소리가 그 어느 때보다 높다. 2017년 10월 한 달 동안 '낙태죄 폐지와 자연유산 유도약 합법화 및 도입'을 촉구하는 청와대 국민청원에 무려 23만 5372명이 참여했다. 청와대는 그에 대한 답변에서, 현재의 낙태죄 관련 사법 체계에 남성과 국가의 책임은 완전히 빠져 있다는 점을 인정하면서, 우선 2010년에 마지막으로 시행된 임신중절 실태조사를 재개하여 현황과 사유를 파악하겠다고 약속했다. 또한 현재 헌

법재판소에서는 낙태죄 위헌 심판이 진행 중이다. 공개 변론이 있었던 날에는 낙태죄 폐지를 요구하는 인권 단체, 여성들의 시위가 열렸다. 하지만 여전히 낙태를 죄악시하는 목소리도 크다. 낙태죄 폐지 요구가 강해지는 만큼이나, '태아의 생명권'을 주창하며 기존 질서를 옹호하려는 세력도 점차 조직화되고 있다.

한국의 이런 뜨거운 격론이 다른 세상 이야기인 듯, 보건학 분야에서 가장 권위 있는 학술지 중 하나인《국제역학회지》2017년 4월호에는 아주 단순하고 명쾌한 결과의 논문 한 편이 실렸다.

노르웨이에서의 내과적 임신중절 도입

노르웨이 공중보건연구원과 베르겐 대학 연구팀이 공동으로 집필한 이 논문은 노르웨이에서 내과적 임신중절 방법이 도입된 후, 임신중절의 양상이 어떻게 바뀌었는지를 분석하고 있다.[1] 내과적 임신중절이란 소위 '소파술'이라고 하는 외과적 시술 대신 미페프리스톤(mifepristone), 미소프로스톨(misoprostol), 메소트렉세이트(methotrexate) 등의 약물 투여를 통해 임신 중단을 유도하는 방법이다. 세계보건기구가 2012년에 펴낸「안전한 임신중절: 보건 체계를 위한 기술과 정책 가이드」가 권고하는 방법이기도 하다.

연구팀은 진료 형태의 변화를 파악하기 위해 2008년과 2012년 두 차례에 걸쳐 임신중절 서비스를 제공하고 있는 노르웨이 내 모든 병원을 대상으로 시행한 설문 조사 자료를 분석했다. 또한 1998~2013년 동안 '임신중절 등록 체계(레지스트리)'에 보고된 임신중절 요청 사례 22만3692건도 분석에 활용했다. 노르웨이는 1979년부터 임신중절 등록 체계를 구축하여, 임신중절 서비스를 요청한 모든 사례에 대해서 병원이 여성 이름과 개인식별번호를 제거하고 임상 관련 정보를 중앙 시스템에 보고하도록 하고 있다. 이를 다른 건강 정보 체계에 연계하거나 특정 여성의 임신중절 이력을 추적하는 일에 이용하는 것은 불가능하다.

노르웨이는 국립 보건 서비스 체계를 가진 국가로, 모든 산부인과는 완전히 무료로 임신중절 서비스를 제공할 의무가 있다. 당연히 공공보건 체계 바깥에서 이루어지는 임신중절 시술은 없다. 오직 의사만이 임신중절 시술을 할 수 있지만, 의사의 감독하에 다른 보건 전문가에게 위임하는 것도 금지하지는 않는다. 그래서 외과적 임신중절은 의사가 수행하고, 내과적 처치는 많은 경우 간호사가 맡는다.

노르웨이 병원들이 내과적 임신중절 서비스를 제공하기 시작한 것은 1998년이지만, 공식적 임상 지침에 이 내용이 포함된 것은 2004년부터였다. 이 지침에 의하면 내과적 임신중절은 임신 9주까지 시행할 수 있는데, 병원에 입원해서 200~600mg의 미페프리스톤을 투여하고 42~48시간 후 800mg의 미소프로스톨을 투여하는 방식이 표준이었다. 이 지침은 2009년에 개정되었다. 개정 지침에서는 미페프리스톤 투여 후 환자가 병원에서 42~48시간을 대기할 필요 없이 집으로 돌아가 미소프로스톨을 자가 투여할 수 있도록 했고, 내과적 임신중절이 가능한 기간도 9주에서 12주로 연장했다. 빠른 퇴원 후 자가 투여하는 것이 두 약제 모두를 병원에서 투여하는 것보다 간단할 뿐 아니라 안전성도 동일하다는 것이 확인되었기 때문에 가능한 조치였다.

이러한 제도의 변화는 어떠한 결과를 낳았을까?

우선 병원 서베이 자료에 의하면, 내과적 임신중절 서비스를 제공하는 병원이 1997년에는 한 곳도 없었지만, 2001년 50%, 2010년이 되면 모든 기관이 이를 제공하는 것으로 나타났다. 2012년에는 병원들의 84.4%가 9~12주 사이에 내과적 임신중절 서비스를 제공했고, 92.1%가 미소프로스톨의 가정 내 자가 투여 방식을 선택했다.

한편 임신중절 등록 체계 자료를 살펴보면, 1998년에는 전체 임신중절의 5.9%만이 내과적 중절이었던 것에 비해 2013년에는 그 비중이 82.1%로 높아졌다.[그림24] 또한 임신 9주 이내에 시행된 임신중절의 빈도도 1998년 44.0%에서 2013년 77.8%로 늘어났다. 반면 임신중절 요청 이후 실제 임신중절 시술로 이어진 사례는 1998년 92.3%에서 2013년 88.5%로 꾸준히 감소했다. 내과적 처치는 외과적 시술에 비해 임신 7주 이내인 사례가 더 많았고, 여성의 학력 수준이 높고 임신 횟수가 적을수록 내과적 시술을 하는 경향이 있었다. 연령, 직업, 결혼 상태에 따른 내과적 처치, 외과적 시술의 빈도 차이는 없었다. 임신중절 서비스 요청과 실제 임신중절 사이의 대기 기간은 1998년 평균 11.3일에서 2013년 7.3일로 감소했다. 그중 내과적 임신중절의 대기 시간은 1998년 12.3일에서 2013년 6.6일로 대폭 감소했고, 외과적 시술은 11.3일에서 10.1일로 소폭 감소했다.

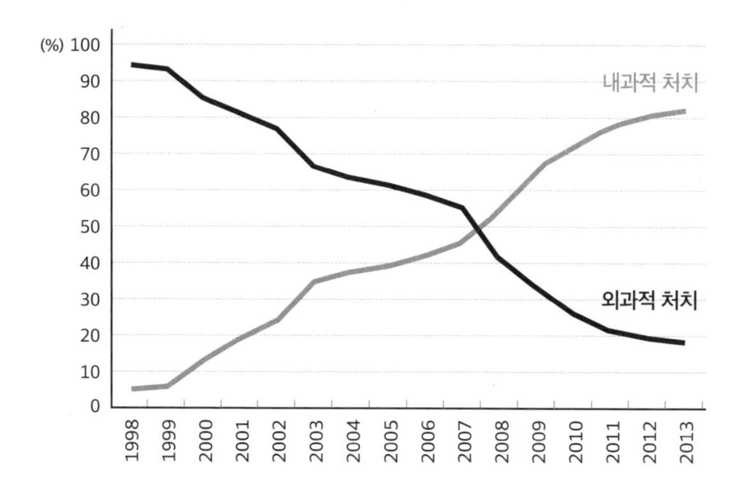

[그림24] 1998~2013년 동안 총 22만3692건의 임신중절 등록 사례 중 내과적 처치, 외과적 시술의 비율

쉬운 임신중절이 임신중절을 늘린다?

이 논문은 여성에게 보다 안전하고 편리한 임신중절 방법이 도입되고 국가 임상 지침에 포함되면서, 불과 15년 만에 진료 형태가 거의 완전하게 바뀌었음을 뚜렷이 보여 준다. 물론 노르웨이 사회에서도 임신중절이 보다 '쉬워지면서' 임신중절이 늘어날 것이라는 우려가 있었다. 그러나 임신중절의 건수 자체는 거의 변하지 않았고 임신중절 서비스 요청 후 실제 임신중절 비율 자체는 오히려 줄어들었다. 연구팀은 임신중절 요청 후 실제 중절로 이어진 비율이 1998년 92.3%에서 2013년 88.5%로 감소한 것은, 여성들이 자신의 결정을 숙고하기에 충분한 시간이 있었음을 의미하는 것이라고 해석했다. 그러면서 내과적 임신중절이 안전하고 효율적 방법이기에 보건의료 서비스 접근성이 낮거나 의료 전문가 숫자가 제한적인 지역에서 특히 유용할 것이라고 제안했다.

국내에서는 모자보건법이 정한 몇 가지 예외 사유를 제외하고 원칙적으로 임신중절은 불법이다. 또한 논문에 언급된 내과적 처치 약물 미페프리스톤은 국내에 시판조차 되지 않는다. 그러다 보니 음성적으로, 그것도 거의 외과적 시술에만 의존하고 있는 것이 현실이다. 임신중절로 인한 건강 피해, 위법 행위로 인한 처벌, 임신의 지속으로 야기된 결과는 오롯이 여성들이 감내해야 한다. 인간의 임신이 여성만의 단성생식으로도 가능하다는 것이 입증된 바 없음을 생각한다면, 이는 상당히 괴이한 일이다. 낙태죄 폐지를 요구하는 여성들의 목소리가 높은 것도 바로 이런 이유 때문이다.

불법이든 합법이든 임신중절 가능성은 비슷하다

WHO는 2012년에 발간한 「안전한 임신중절: 보건 체계를 위한 기술과 정책 가이드」에서 임신중절에 관한 법과 정책이 여성의 건강과 인권을 보호해야 하며, 안전한 임신중절 서비스의 적시 제공과 접근을 방해하는 요인들을 제거해야 한다는 점을 분명히 했다. 여러 선행 연구들에 따르면, 임신중절이 불법이든 합법이든 간에, 여성이 원치 않은 임신에 대해서 임신중절을 하게 될 가능성은 비슷하다. 법적으로 제한

한다고 해서 임신중절이 줄어들지도 않고, 마찬가지로 임신중절 서비스 접근을 촉진하는 법이나 정책이 있다고 해서 임신중절이 늘어나는 것도 아니다. 국제 인권 기구들 또한 여성에게만 필요한 의료 서비스를 범죄화하는 법률을 개정하라고 권고하고 있다. 소위 '글로벌 스탠다드'가 이러한데도 한국 정부는 이를 쫓아가지 못하고 있다.

2015년 7월 여성가족부가 발간한 「제8차 유엔 여성차별철폐협약 국가이행보고서(2011~2015년)」 내용을 잠깐 살펴보자. 정부는 '여성의 생식 건강 강화'와 관련한 활동으로 엉뚱하게도 체외수정 시술 과정에서 이식 배아 수를 줄이는 조치를 언급하고 있다. 반면 임신중절 처벌 규정 개정과 안전한 서비스 제공 권고에 대해서는 '낙태 예방'을 이행사항으로 기술하고 있다. 동문서답도 이만저만이 아니다.

제7차 권고에 대한 이행 사항
- 낙태를 한 여성들이 처한 상황에 대해 특별한 주의 기울일 것 - 낙태에 대한 처벌 조항들을 삭제할 목적으로 관련 형법 등 낙태 관련법 검토 요청 - 불안전한 낙태로부터 발생할 수 있는 합병증 관리를 위한 서비스 제공할 것 - 낙태 예방 교육·홍보 및 임산부에 대한 약물 정보 제공 - 낙태 관련 국민 인식 조사('12년)를 통한 정책 수요 파악

뿐만 아니다. 2018년 5월에 열린 낙태죄 위헌 소송 공개 변론에서 법무부는 "태아의 생명권은 성장 상태와 무관하게 보호되어야 할 중대한 기본권이고, 현행법상 낙태를 일부 허용하는 등 여성의 자기 결정권이 과잉 제한되고 있지 않으므로 낙태죄에 대해 합헌 (…) 성교는 기본적으로 당사자 간의 합의에 의해 이루어지고 적절한 피임이 이루어지지 않는 한 항상 임신 가능성이 있음에도 청구인은 임신에 대해 '원치 않는 부당한 부담'으로 이해하는 입장을 보이고 (…) 낙태 허용 시 오히려 더 큰 사회적 병리 현상(낙태율 급증, 여성의 신체적·정신적 건강 훼손, 생명 경시 풍조 확산 등)이 초래될 수 있고, 임신으로 인한 사회적 문제는 양육 지원 확충, 한부모 가족 정책 강화, 사교육비 경감, 가정 친화적 직장 문화 조성 등 사회 상황의 개선을 통해 근본적으로 해결될 수 있다"는 답변을 제출했다. 기본적인 사실 확인조차 하지 않은 무책임한 발언이 아닐 수 없다.

여성 건강을 위해 수정된 배아 폐기를 임상 지침으로 내놓으면서 동시에 태아의 생명권 존중을 위해 낙태죄 합헌을 유지해야 한다니, 어느 장단에 춤을 추어야 할지 모를 상황이다. 국제 인권 문서들은 건강권의 내용 중에 '과학적 진보(scientific progress)와 그 응용 기술의 혜택을 향유할 수 있는' 권리를 명시하고 있다.[2] 여성의 건강과 안녕을 좀 더 안전하고 편리한 방법으로 보호할 수 있는 과학기술이 존재함에도, 이를 제한하거나 접근을 차단하는 것은 국가의 건강권 보장 책무에 어긋나는 조치다.

의료보장 체계 안에서 합법적으로 임신중절 서비스를 제공하고, 이미 존재하는 안전한 임신중절 방법을 허용해야 한다. 이는 이미 '경제적·사회적·문화적 권리에 관한 국제협약'과 '여성차별철폐협약'을 비준한 한국 정부의 당연한 의무이다.

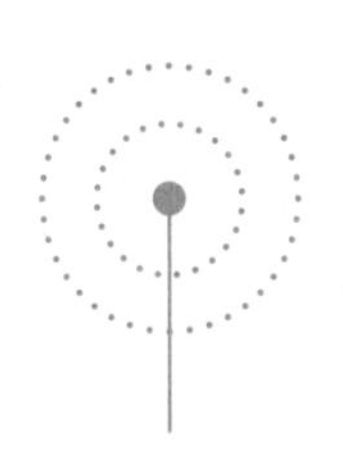

함께 극복하는 재난의 공동체

자연재해의 피해는 평등하지 않다

오랫동안 한국은 지진 안전지대로 여겨졌다. 그러나 2016년 경주의 지진, 2017년 포항의 지진으로 그것이 잘못된 믿음이었음을 확인하게 되었다. 또한 이웃 나라 일본처럼 지진, 쓰나미, 화산 폭발 등의 대규모 자연재해가 흔한 것은 아니지만, 태풍이나 폭우, 폭설 같은 자연재해는 매우 빈번한 편이다.

지진, 태풍 같은 자연재해의 피해는 단지 재산 손실이나 급작스러운 인명 손실에만 그치지 않는다. 특히 건강 영향은 당장 눈에 보이지 않더라도 장기적으로 나타날 수 있다. 이를테면 자연재해 피해자들은 외상 후 스트레스 장애와 우울을 경험하고 장기적으로 물질 남용 장애에 빠지거나, 노인의 경우 인지 기능이 저하될 가능성이 더 높다고 알려져 있다. 재난으로 인한 주거지 파손과 재물 손상 등 물질적 피해는 물론, 예상치 못한 사건으로 틀어진 삶의 계획은 어떤 식으로든 건강에 장기적인 영향을 미치게 된다. 그리고 이러한 영향은 모든 피해자에게 평등하지 않다. 대표적 사례로, 2011년 3월 동일본 대지진과 쓰나미 때문에 사망한 이들 중 89%가 65세 이상 노인이었다. 사건이 발생했을 때 즉각 대응할 수 있는 능력이 저하되어 있었고, 일상의 파괴에 적응할 수 있는 자원이 부족하기 때문이었다.

사회자본이 건강 악화를 막을 수 있을까

그렇다면 어쩔 수 없이 발생하는 자연재해의 건강 피해를 최소화하기 위해 우리는 어떤 일을 할 수 있을까? 2017년 발행된 국제 학술지 《랜싯: 지구 건강》에는 2011년 동일본 대지진과 쓰나미 전후로 발생한 노인들의 인지 능력 저하 문제를 다룬 연구 논문이 실렸다.[1] 하버드 대학의 히키치(Hikichi H) 교수팀은 2011년 동일본 대지진과 쓰나미로 직접 피해를 입었던 지역에서 재난 전후 사회자본의 변화와 인지 기능 저하 사이의 관계를 분석했다. 이러한 연구는 재난 발생 이전에 피해 지역에서 노인의 인지 기능과 사회자본을 미리 측정해 둔 '일본 노년기 평가 연구(Japan Gerontological Evaluation Study, JGES)' 자료가 있었기 때문에 가능했다. JGES는 일본 전역의 65세 이상 노인들을 대상으로 한 연구인데, 지진이 일어나기 전인 2010년 8월에 이와누마 시에서도 조사가 이루어졌다. 당시 이와누마 시 노인 인구의 약 59%에 해당하는 5,000여 명을 대상으로 훈련받은 간호사가 직접 가정을 방문하여 자료를 수집했다. 이들은 노인 장기 요양 서비스 제공 기준을 평가하는 도구를 활용해 노인의 인지 기능을 평가한다. 평가자는 노인의 일상생활 능력과 단기 기억력, 지남력(orientation), 의사소통 등 인지 기능, 그리고 정신과 행동의 장애 여부를 평가하고 이를 종합하여 노인들의 인지 기능을 총 8단계로 구분했다.

그런데 조사가 완료되고 7개월 후인 2011년 3월, 진도 9.0의 일본 국내 관측 사상 최고 규모의 지진이 발생한다. 진앙으로부터 약 80km 떨어진 서쪽 연안에 위치한 이와누마 시도 쓰나미 피해를 입었다.[그림 25] 이곳에서만 5,542채의 가옥이 무너지고, 180여 명의 인명 피해가 발생했다.

지진이 일어나고 2년 반이 지난 2013년 말, 연구팀은 2010년 연구 참여자 중 생존자 3,594명을 대상으로 재난 경험과 건강 상태를 다시금 조사했다. 이를 분석하여 발표한 2016년 동일 연구팀의 논문은 일본 대지진이 노인의 인지 기능 저하와 치매 발병 증가에 기여했으며, 이는 가옥 파괴와 관련 있음을 확인했다. 가옥 파괴가 인지 기능에 미치는 부정적 효과의 크기는 뇌졸중으로 인한 인지 기능 저하의 크기와 비슷했다.[2] 연구팀은 이러한 1차 분석 결과에서 더 나아가, 자연재해의 부정적 효과를 완화할 방안을 탐색했다. 즉, '사회자본'이 이러한 인지

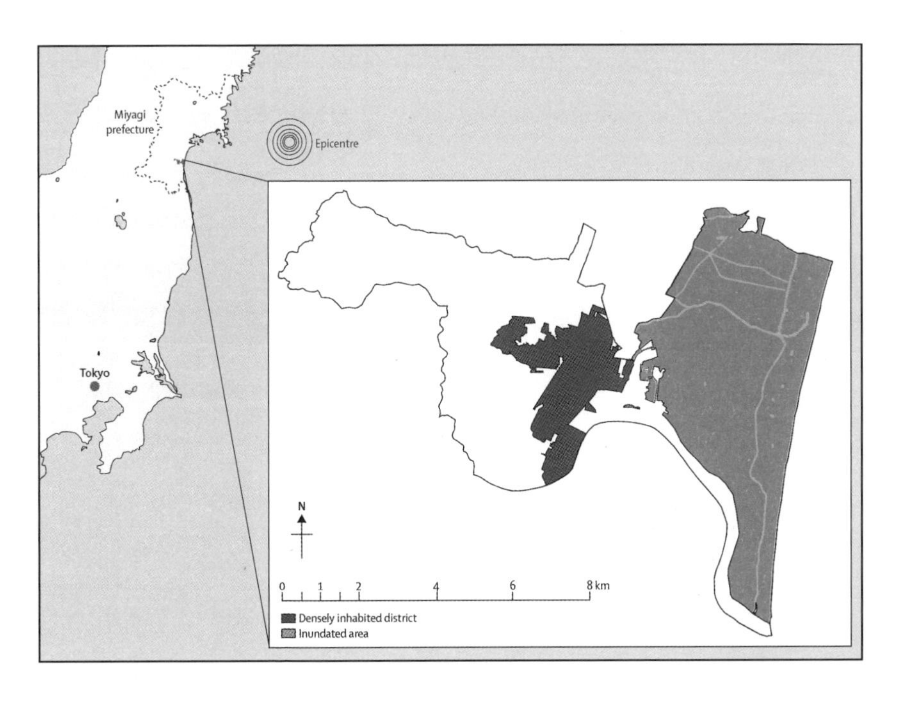

[그림25] 2011년 동일본 대지진의 진원지와 이와누마 지역(진회색으로 표시된 부분은 주요 거주 지역, 진보라색으로 표시된 지역은 쓰나미로 인해 침수된 지역이다.)

기능 저하를 완충할 수 있는지 확인하려 했던 것이다.

사회자본은 미국 정치학자 로버트 퍼트넘(Robert Putnam)에 의해 대중적으로 알려진 이래, 정치학·사회학·경제학·보건학 등 여러 분야에서 활용되고 있는 개념이다. 이는 '사회적 행위자들이 서로 협력하도록 함으로써 공동의 목적을 보다 효율적으로 성취할 수 있게 하는 신뢰, 규범, 네트워크 같은 사회 조직의 특질'을 지칭한다. 이 연구에서는 지역사회에서 타인에 대한 신뢰와 상호 부조, 지역사회에 대한 애착을

'인지적 사회자본'으로, 응답자가 실제로 지역사회에서 만나는 친구의 수와 만남 빈도, 스포츠와 취미 등의 동아리 활동 정도를 '구조적 사회자본'으로 정의하고 측정했다.

분석 결과, 이와누마 시에서 대지진 이후 2차 조사에 참여한 노인 중 약 37%가 재난으로 인해 친구 또는 친척을 잃었고, 약 57%가 재산 피해를 입은 것으로 나타났다. 2010년 조사에서 인지적 측면에서 완전히 독립적 생활이 가능하다고 평가된 사람이 11%였던 것에 비해 2013년 2차 조사에서는 그 비율이 4%로 줄어 있었다. 뇌졸중 유병률도 2%에서 5%로 늘어났다. 사회적 응집력이나 사회 활동 참여는 전반적으로 감소하는 양상을 보였다.

소득이나 가구 형태, 뇌졸중과 당뇨 여부, 우울감, 흡연, 음주 등의 건강 행태를 모두 고려한 분석에서 재난 경험, 특히 주거지 손상은 인지 기능 저하와 연관이 있었다. 이는 선행 연구와 동일한 결과였다. 그런데 인지적 사회자본과 구조적 사회자본 모두 이러한 인지 기능 저하를 완충하는 것으로 나타났다. 2010년에 사회자본이 낮았던 집단과 높았던 집단을 구분했을 때, 사회 활동 참여와 친인척 혹은 이웃 접촉이 높은 수준으로 유지되거나 증가하는 경우에는 주거지 손상으로 인한 인지 기능 저하 정도가 상대적으로 작았다. 반면 사회 활동 참여와 사회적 접촉이 줄어든 집단에서는 주거지 손상이 인지 기능 저하에 미치는 부정적 영향이 더 크게 나타나는 것을 확인할 수 있었다.

연구팀은 동일본 대지진을 자연 실험 상황으로 활용해, 재난 경험이 노인의 인지 기능을 저하시킬 수 있지만, 튼튼한 사회자본이 재난의 부정적 효과를 완화할 수 있다고 결론 내렸다. 실제로 이와누마 시의 주민들은 거주지가 파괴된 노인들을 도와 임시 거주지를 꾸렸고, 임시 거주지가 만들어진 후에도 다양한 활동을 통해 약자들을 보살폈다. 이런 근거를 토대로 연구팀은 피해를 복구하는 과정에서 지역사회가 활성화되고, 그 결과 취약한 노인들의 인지 기능 저하가 완화되었을 것으로 추정했다.

재난으로부터 우리를 지켜 낼 수 있는 것

이 연구에서 확인한 사회자본의 보호 효과를 좀 더 폭넓게 해석하면, 재난 현장에서 자라나는 상호 부조와 연대의 공동체가 건강 보호 효과를 발휘한 것으로 볼 수 있다. 리베카 솔닛(Rebecca Solnit)이 『이 폐허를 응시하라』에서 생생하게 그려 낸 것처럼, 우리는 갑작스럽게 재난으로 피해를 입은 사람들이 서로에게 손을 내밀고 필요한 것을 제공하면서 재난 공동체를 형성해 나간 사례들을 알고 있다.

예컨대 2003년 삼성1호와 허베이 스피릿호의 충돌로 대규모 유류 유출 사고가 일어났던 태안 지역에서 풀뿌리 시민단체들은 방제 작업만 한 것이 아니었다. 이들은 외딴곳에 고립된 노인들을 돌보고, 지역사회 치유와 회복을 위한 실태 조사를 직접 시행하기도 했다. 또한 2014년 세월호 침몰 사고 당시, 큰 피해를 입은 단원고등학교가 위치한 안산시의 시민단체들은 사고 직후부터 모여 피해자를 지원하고 진상 규명을 요구하고 나아가 지역사회 치유를 위한 활동들을 이어 갔다.[3]

"기름 사고 났는데, (정작) 난방유가 (없어요). (…) 가까이 있는 섬에 갔더니 거기에 태안반도 중에서 진짜 직격탄 맞은 곳이거든요. 거기 갔더니 어른들이 난방을 아예 못 해요. 거기도 기름 사다가 어르신들 기름 넣어 주고 (…)"

"자살하시는 분들도 나타나고 바로 앞에서 막 분신하시고 그래서 이것은 안 되겠다 싶어서 그런 지역 주민들의 절망이라든지 이런 것을 안을 수 있는 방법이 무엇인가, 그리고 정부에서 하는 행태들로 인해서 하는 이런 분노, 이런 것들을 좀 가라앉히고 차분하게 좀 바라볼 수 있는 방법이 무엇인가에 대한 어떤. 사람들을 많이 만나고, 그런 것들 조사하고 인터뷰도 하고."

2003년 삼성1호-허베이 스피릿호 유류 유출 사고 당시 환경단체의 활동

자연재해도 인재도 모든 사람에게 평등하게 발생하지 않으며 그로 인한 일상의 훼손과 건강 피해 역시 불평등하다. 불평등은 재난으로 인한 피해를 드러내고 이에 대한 사회적 지원을 요청하는 단계에서부터 정부의 공식적인 지원 단계까지 빈틈없이 작동한다. 이런 불평등에 대응해 보다 취약한 이들을 돌보기 위해서는 더욱 장기적이고 섬세한 노력이 필요하다.

앞서 소개한 논문은 노인의 인지 기능 저하 사례를 다루고 있지만, 소외되고 배제된 사람들을 끌어안는 연대와 상호 부조는 단지 이 문제에만 영향을 미치는 것이 아니다. 재난으로부터 우리를 지켜 낼 수 있는 것은 호혜성과 연대로 이어진 '우리'의 공동체라는 사실을 잊지 말아야 한다.

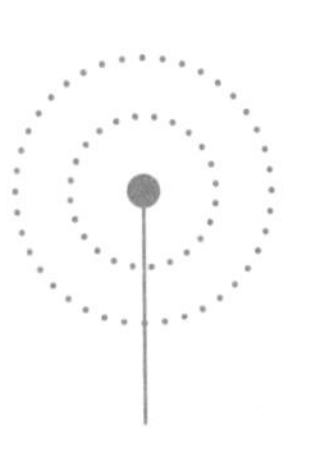

암 치료에도 '동네 의사'가 중요하다

1차의료 체계가 왜 중요한가

한국 사회의 수도권 집중 현상은 분야를 막론하고 관찰되지만, 그중에서도 의료 서비스 집중은 유별난 편이다. 예컨대 2012년 국정감사 보고서를 보면, 2011년 국민건강보험 지출의 21%가 대학 소속 또는 대학 연계 병원으로 향했고, 그중 수도권의 소위 'Big 5' 병원이 차지하는 비중은 35%에 달했다. 서울대학교병원, 연세대학교 신촌세브란스병원, 가톨릭대학교 서울성모병원, 서울아산병원, 삼성서울병원을 뜻하는 Big 5 대형 병원은 매년 전국에서 퇴원하는 전체 환자 수의

1% 이상을 점하고 있다. 2015년 메르스 유행 당시 삼성서울병원 응급실이 그토록 문제가 되었던 것도 이와 관련 있다.

사람들은 암 같은 위중한 병에 걸리면 '서울의 큰 병원' 가는 것이 당연하다고 여긴다. 최첨단 시설과 유명한 전문 의료진이 중요하다고 생각하기 때문이다. 물론 의료의 '질'은 분명히 환자의 건강 결과에 중요한 영향을 미친다. 그런데 2015년《국제건강형평성학회지》에 발표된 논문은 의료의 질이 반드시 최첨단 의료 기술만을 의미하는 것은 아니라고 지적한다. 암 같은 위중한 질환에 걸려도 동네에서 1차의료를 책임지는 의사, 즉 동네 의사의 역할이 중요하다는 것이다.[1]

암 환자 생존율에 영향을 미치는 주요 요인

캐나다 윈저 대학교의 케빈 고레이(Gorey KM) 교수 연구팀은 이러한 가설을 입증하기 위해 캐나다 온타리오 주와 미국 캘리포니아 주에 살고 있는 대장암 환자들의 10년 생존율에 영향을 미치는 요인을 분석했다. 대장암은 북미 지역에서 암 사망의 두 번째로 흔한 원인이다. 이는 조기 진단과 치료에 의해 예후가 크게 좌우되기 때문에 의료 체계가 제대로 작동하는지 판단하는 데 좋은 지표가 된다.

이 연구가 분석 대상으로 삼았던 시기는 미국의 오바마 의료 개혁이 시행되기 전이다. 당시 미국에서는 사보험이 지배적인 가운데 무보험자의 숫자가 인구의 거의 15%를 차지하고 있는 반면, 이웃 캐나다는 1984년부터 '메디케어'라고 하는 전국민 건강보험 제도를 운영해

오고 있었다. 1차진료 의사의 숫자도 차이가 난다. 온타리오의 경우, 전체 의사 중 1차진료 의사 비율이 47%인 반면 캘리포니아는 27%에 불과했다. 연구팀은 이러한 두 국가의 의료 체계상의 차이가 건강 결과에 어떠한 차이를 낳는지 분석하고자 했다.

연구팀은 1996년부터 2000년 사이에 온타리오와 캘리포니아 지역에서 대장암 진단을 받은 환자들 중 진단 당시 다른 장기로의 전이가 없었던 환자 2,060명과 4,574명 각각에 대해서 2010년까지의 생존 여부를 확인했다. 진단 당시 의료보험 가입 상태, 진단 시점의 처치, 거주지의 빈곤 수준을 파악하고, 지역 내 1차진료 의사, 소화기내과 전문의, 암 전문의와 일반 외과 의사 등의 숫자도 조사했다.

이러한 요인들과 대장암 10년 생존율의 연관성을 분석한 결과, 미국과 캐나다 사이에 상당한 차이가 있음을 확인할 수 있었다. 미국에서는 빈곤 수준과 건강보험 가입 여부가 대장암 생존과 관계있었지만, 캐나다에서는 이러한 현상이 관찰되지 않았다. 즉 캘리포니아에서는 가난할수록, 그리고 건강보험에 가입하지 않았거나 의료급여 수급자일수록 대장암 생존율이 낮았지만, 전 국민이 건강 보험을 가지고 있는 캐나다에서는 소득 수준에 따른 유의미한 차이가 관찰되지 않은 것이다. 또한 두 국가 안에서 비슷하게 가난한 동네를 서로 비교해 봐도, 온타리오 환자의 생존율이 캘리포니아보다 15%나 높았다.

반면 캐나다에서 대장암 생존에 중요한 영향을 미친 변수는 지역의 1차진료 의사, 즉 동네 의사의 밀도였다. 살고 있는 동네에 1차진료 의사 수가 많을수록 대장암 환자들의 생존율은 높아졌다. 가장 가난한 지역끼리 비교해 보았을 때, 온타리오의 경우 캘리포니아에 비해 1차진료 의사의 수가 주민 1만 명당 평균 2명 이상 더 많았다. 소화기내과 전문의 숫자 또한 온타리오에서 더 영향이 큰 것으로 나타났지만, 소화기내과 전문의가 많은 지역은 1차진료 의사의 숫자 또한 많았다. 여타 전문의 숫자는 대장암 생존율에 별로 영향을 미치지 않았다. 즉 1차진료 의사와 핵심 전문의들의 조화로운 지역 분포가 중요하다고 할 수 있다.

적정한 동네 의사 숫자를 인구 1만 명당 7.5명 이상이라고 정의했을 때, 온타리오 대장암 환자들의 40%는 이런 동네에 살고 있었지만, 캘리포니아 환자들은 10명 중 한 명만이 그러했다. 또한 온타리오 지역에서 1차진료 의사의 이러한 긍정적 효과는 사회 경제적으로 가장 취약한 곳에서 두드러졌다.

연구팀은 분석 결과를 바탕으로 미국이 의료보험 개혁을 통해 전국민 의료보장 체계를 갖추는 것도 중요하지만, 그것이 실질적 성과를 거두려면 1차의료를 강화해야 한다고 주장했다. 또한 캐나다에서 사보험을 확대하는 조치는 미국과 같은 건강 불평등을 초래할 수 있다는 점도 경고했다.

이 연구팀은 2017년에도 캘리포니아와 온타리오 주에서 1차진료 의사의 밀도와 유방암 진료 적정성의 관계를 분석한 논문을 발표했다.[2] 이 연구에서는 1996~2000년 사이에 유방암을 진단받은 여성 환자들(온타리오 950명, 캘리포니아 6,300명)의 경과를 2014년까지 추적 관찰했다. 이때 유방암에 대한 적정 진료 여부는 림프절 전이 이전에 조기 진단을 받았는가, 유방보존술과 함께 방사선 치료를 받았는가로 판단했다. 조기 진단이 늦어지면 림프절 전이가 일어나고, 또 병기가 높아져서 유방절제술을 시행하는 것이 일반적이다. 분석 결과, 온타리오에서는 1차진료 의사가 충분한 곳에 사는 환자일수록 적정 진료를 받았고, 특히 이러한 효과는 가장 빈곤한 지역, 전문의가 없는 지역에서 두드러졌다. 똑같이 빈곤한 지역이라도 적정 진료를 받을 가능성은 온타리오 유방암 환자가 캘리포니아 환자에 비해 1.65배 높은 것으로 나타났다.

우리 동네 주치의, 한국에서도 가능할까

이러한 연구들의 결론은 한국 사회에도 시사하는 바가 크다. 사실 한국의 환자들이 큰 병원을 선호하고, 방송에 출연하는 유명 의사를 찾아다니고, 비싼 건강 검진을 반복적으로 받는 이유 중 하나는 적절한 1차의료 체계가 갖추어지지 않은 탓이다. 예전에 쿠바를 방문했을 때 가장 부러웠던 것 중 하나는, 동네 주치의가 오후에 진료소 문을 닫고 지역 병원에 입원한 자기 환자를 만나러 가는 모습이었다. 본인이 평소에 진료하던 환자를 큰 병원에 의뢰하고 거기에서 끝나는 것이 아니라 그 병원에 직접 가서 전문의와 환자 상태를 함께 살펴보고 나중에 그 환자가 퇴원해서 돌아오면 다시 진료를 이어 간다는 것이다. 환자 입장에서 보면 이만큼 든든한 것이 없다.

이런 사례가 먼 나라에만 있는 것도 아니다. 서울에서 동네 의사로 일하고 있는 한 가정의학 전문의는 아버지의 주치의 역할을 했던 자신의 경험담을 들려주었다. 그는 주치의, 동네 의사가 실제로 어떤 일을 할 수 있는지 소개하고, 국내에 주치의 제도가 도입된다면 의사를 아들로 둔 운 좋은 노인이 아니더라도 이러한 전인적 진료를 받을 수 있다는 점을 강조했다.[3]

아버지는 1924년생이다. 올해 우리 나이로 93세가 되셨다. 지팡이를 짚긴 하지만 아직 보행도 하시고, 시력도 청력도 좋으시고 식사도 잘 하시고 말씀도 잘 하시고, 깜박깜박 하시는 면이 있긴 하지만 기억력도 보존되어 있고 사람을 분간할 줄도 아신다. 얼마 전에는 서울에서 가족들이 모여 생신 모임을 가졌다. 아버지께서는 이 모임을 위해 부산에서 기차를 타고 서울로 오셨다. 4개월 전의 고관절 골절 수술로 이제는 서울 나들이가 힘들 것으로만 여겼던 우리에게는 여간 다행한 일이 아닐 수 없다.

지금까지 아무런 병도 앓지 않고 건강하게만 지내셨나 하면 그렇지는 않다. 젊었을 때는 하루 두 갑씩 담배를 피우는 골초였던 때도 있었고(담석증 수술 이후 딱 끊으셨다), 60세가 넘으면서부터는 담석증 수술을 시작으로 3-4년 주기로 온갖 질병을 다 앓으셨다. 현대의학의 혜택을 많이 받으셨다. 꼽아 보자면 고혈압, 뇌졸중 두 차례, 담낭과 담관 결석, 교통사고로 인한 다발성 골절, 위암, 고관절 골절… 내과, 신경과, 외과, 정형외과 등 신세를 골고루 지셨다. 아마도 현대의학이 아니었다면 지금까지 살아 계시지 못하셨거나 병상에 누워 꼼짝 못 하셨을 수도 있다.

그런데 아버지께는 현대의학과 함께 좋은 주치의도 있었다. 그건 바로 가정의학과 전문의인 아들이었다!

평소 질병을 관리하다가 적절한 때에 적절한 병원으로 의뢰하고, 급성기 치료 후 다시 관리하는 주치의가 있었다. 아버지는 한번 신경과에 뇌졸중으로 입원했다고 해서 주야장천 대학병원 신경과에 다니지 않으셨고, 위암 수술을 받으셨다고 해서 주야장천 대학병원 외과나 내과 외래로 다니지도 않으셨다. 정형외과는 말할 필요도 없다. 짧게는 2개월 길게는 6개월 정도 급성기가 지난 후 질병 관리는 주치의가 했다. 중복되는 약이 없도록 조절하고 필요 없는 약은 줄이고, 주기적으로 필요한 검사를 하는 것은 주치의 몫이었다. 이런 것들은 어떤 전문의라도 제대로 해 주기 힘들다.

아버지는 무슨 병은 무슨 과를 찾아 가야 하는지 머리 싸매고 고민하는 일도 하지 않으셨다. 그런 것은 필요한 경우 주치의가 결정해 주기 때문이다. 여러 과를 돌며 치료받고 있지도 않다. 나이가 들면서 생긴 피부 건조증으로 인한 가려움증이나 면역력 저하로 생긴 발톱 무좀, 전립선 비대증, 골다공증 치료나 예방접종 같은 것도 모두 주치의 몫이었다.

아버지의 주치의 역할을 해 온 의사 아들의 경험담

주치의를 맡은 의사 입장에서 보자면 지속적 관계를 맺고 환자 상태 전반을 관리해야 한다는 책임감과 부담이 따른다. 지금과 같은 진료 환경에서는 환자 상담에 충분한 공을 들이기도 어렵다. 하지만 적절한 보완책만 마련된다면 훨씬 좋은 환자-의사 관계를 형성하고 신뢰받는 소신 진료를 할 수 있다는 장점이 있다. 실제로 1차의료 체계가 잘 갖춰진 영국이나 쿠바에서는 의사 혼자 주치의 업무를 맡는 것이 아니라, 간호사 등과 팀을 이루어 적정 수의 환자만을 돌보고 있다.

2014년 한국보건사회연구원 연구에 의하면 한국 노인 10명 중 6명이 세 가지 이상의 만성 질환을 앓고 있다고 한다. 대학병원의 서비스만큼이나 동네 의원에서의 종합적인 만성 질환 관리가 시급하고 중요한 과제가 되었다. 그동안 주치의 제도를 도입하려는 여러 차례의 시도들이 좌절되었지만, 이제는 더 미룰 수 없다. 앞서 소개한 논문의 필자들이 미국의 오바마 의료 개혁이 성공하려면 의료보험 확대뿐 아니라 1차의료 체계의 강화가 필수적이라고 주장했던 것은 한국 사회에도 그대로 들어맞는다. 이번 정부가 내세운 문재인케어가 성공하려면 1차의료 체계의 구축이 필수적이다. 어떻게 하면 동네 의사들에게 적절한 보상을 제공하고 불필요한 부담을 줄일 수 있을지 논의하면서, 동네 의사의 역할을 강화하는 방안을 본격적으로 고민해야 할 시점이다. 환자들을 위해서도, 의사들을 위해서도 말이다.

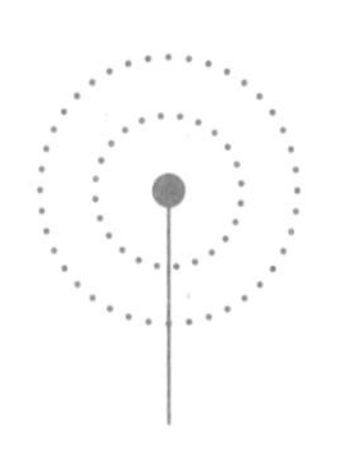

진료 과정에서 '건강의 사회적 요인'에 대해 묻기

캐나다 '클리어(CLEAR)'의 가능성

진료 과정에서 의사는 환자의 건강 문제를 해결하기 위해 어떤 요인에 관심을 기울여야 할까? 체온이나 몸무게, 혈압과 같은 생리적 지표들? 흡연, 음주, 운동 등 환자의 생활 습관? 아마 여기까지는 당연하다고도 생각할 수 있을 것이다. 그렇다면 이런 것들은 어떨까? 가난, 굶주림, 실업, 학대, 차별, 고립, 주거 환경 등 환자가 처해 있는 사회적인 맥락들, 일명 '건강의 사회적 결정요인(Social determinants of health)'이라 불리는 보다 근본적인 요인들 말이다.

의사가 환자와의 면담 과정에서 건강의 사회적 결정요인에 대해 이야기 나누는 것, 이는 '3분 진료'가 다반사인 한국 사회에서는 너무 먼 이야기처럼 느껴진다. 과연 얼마나 많은 의료인들이 이러한 역할의 필요성을 긍정하고 수용할 수 있을까? 의료인의 역할 범위를 넘어선 것이라고 생각할 수도 있고, 임상 현장이라는 특수한 공간에서 과연 그러한 문제들에 어떻게 접근할 수 있을지, 또 얼마만큼을 개입하라는 것인지가 난감하고 잘 와 닿지 않을 수도 있다.

그런데 세계의사협회와 영국의사협회 등에서는 이미 2011년부터 건강의 사회적 결정요인들에 개입하는 것을 의사 역할의 중요한 부분으로 간주하고 그 실행을 촉구해 왔다.[그림26, 27] 이러한 노력은 단순히 선언에 그치지 않고, 의료인들의 실질적 행동을 돕기 위해 보다 구체적인 행동 지침 개발로 이어지고 있다.

[그림26] 영국의사협회가 2011년에 발간한 안내 책자『건강의 사회적 결정요인-의사들은 무엇을 할 수 있나』표지

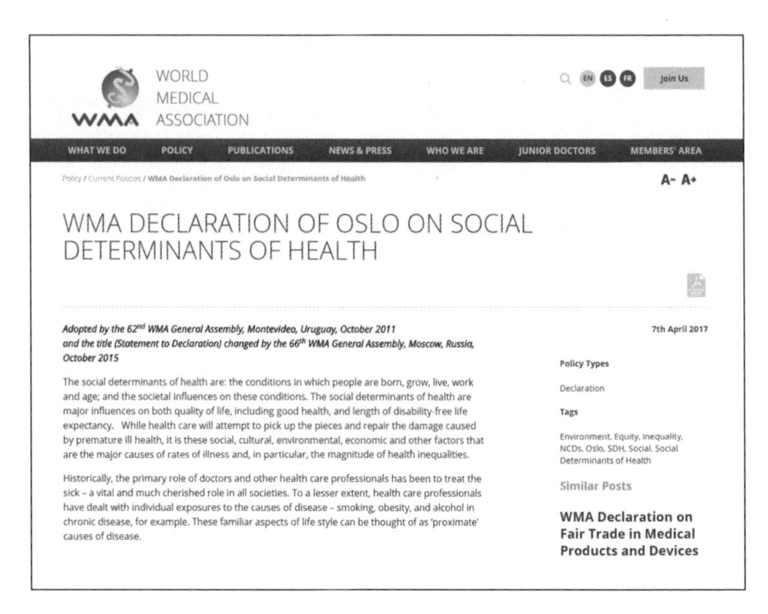

WMA WORLD MEDICAL ASSOCIATION

WHAT WE DO | POLICY | PUBLICATIONS | NEWS & PRESS | WHO WE ARE | JUNIOR DOCTORS | MEMBERS' AREA

Policy / Current Policies / WMA Declaration of Oslo on Social Determinants of Health

A- A+

WMA DECLARATION OF OSLO ON SOCIAL DETERMINANTS OF HEALTH

Adopted by the 62nd WMA General Assembly, Montevideo, Uruguay, October 2011 and the title (Statement to Declaration) changed by the 66th WMA General Assembly, Moscow, Russia, October 2015

The social determinants of health are: the conditions in which people are born, grow, live, work and age; and the societal influences on these conditions. The social determinants of health are major influences on both quality of life, including good health, and length of disability-free life expectancy. While health care will attempt to pick up the pieces and repair the damage caused by premature ill health, it is these social, cultural, environmental, economic and other factors that are the major causes of rates of illness and, in particular, the magnitude of health inequalities.

Historically, the primary role of doctors and other health care professionals has been to treat the sick – a vital and much cherished role in all societies. To a lesser extent, health care professionals have dealt with individual exposures to the causes of disease – smoking, obesity, and alcohol in chronic disease, for example. These familiar aspects of life style can be thought of as 'proximate' causes of disease.

7th April 2017

Policy Types

Declaration

Tags

Environment, Equity, Inequality, NCDs, Oslo, SDH, Social, Social Determinants of Health

Similar Posts

WMA Declaration on Fair Trade in Medical Products and Devices

[그림27] 세계의사협회(WMA): 건강의 사회적 결정요인에 관한 오슬로 선언

클리어 지침의 4단계

캐나다 맥길 대학의 앤더만(Andermann A) 교수를 주축으로 한 '클리어 협력팀(CLEAR, Community Links Evidence to Action Research Collaboration)'은 보건의료 종사자들이 임상 현장에서 환자 건강 상태의 기저에 놓인 사회적 원인들에 대해 묻고 행동하는 것을 돕기 위해 클리어 지침(CLEAR toolkit)을 개발했다. 현재 클리어 지침은 한국어를 포함하여 15개국 언어로 번역되어 공개되고 있다.

CLEAR
COLLABORATION

클리어 지침서

나쁜 건강상태의 기저에 있는 사회적 원인들에 대해 묻고 행동하는 최전선 의료계종사자들의 훈련

이 지침서의 목적은 나쁜 건강상태의 사회적
원인을 어떻게 다루는 지에 대해서
의료계종사자들을 돕고 교육하기 위함이다.

환자들을 돌볼 때 당신은 한 공동체 안에서
같은 종류의 건강 문제가 반복해서 나타나는 것
을 종종 볼 것이다. 이러한 건강 문제를 막기 위
해 빠른 치료를 제공하는것대신에 가장 먼저
무엇을 더 행할 수 있을까?

많은 건강 문제들은 가난, 굶주림, 고립, 학대,
그리고 차별을 포함하여 가정에서의생활 조건,
환경과 관련된 동일한 잠재적 원인을 갖고다.

이 지침서의 네 단계 과정을 사용하는 것은
당신이 정기적으로 치료하는 상태의 잠재
적원인을 식별하는 것을 도울 것이다.

1 치료하다

2 질문하다

3 위탁하다

4 옹호하다

[그림28] CLEAR 지침서 한국판의 첫 장

클리어 지침은 크게 4단계로 구성된다.

1) 치료하기(TREAT): 현재 드러난 질병을 치료하기

2) 질문하기(ASK): 기저의 사회적 문제들에 대해 묻기

3) 위탁하기(REFER): 지역사회 지지 자원들을 연계하기

4) 옹호하기(ADVOCATE): 지지적인 정책과 사회 환경을 옹호하기

이러한 지침이 개발되고 보급된 지 5년이 지난 2016년,《캐나다 가정의학회지》에는 클리어 지침의 수용 정도와 활용 가능성을 분석한 논문이 실렸다.[1] 연구팀은 클리어 지침을 시험적으로 사용한 캐나다 몬트리올 소재 세인트 마리 병원 가정의학센터에 근무하는 의료인들

을 대상으로 2013년 7월부터 2014년 6월까지 연구를 진행했다. 온라인 설문 조사, 심층 면접, 초점 집단 면접 등 다양한 조사 방법이 활용되었으며, 가정의학과 의사, 의료계 종사자들, 병원의 고위 관리자들이 조사에 참여했다.

연구의 주요 결과는 다음과 같다.

우선 설문에 응한 의료인들 중 대부분(88%)이 '건강의 사회적 결정요인을 다루는 것이 의료인의 역할'이라는 데 동의했다. 클리어 지침에 대해서는 응답자 대부분이 '명료하게 읽히며, 업무 관련성이 높고, 사회적 요인들을 다루는 데 도움이 된다'고 답했다. 클리어 지침이 '의료인들의 업무 방식을 변화시키고' '더 큰 사회적 행동으로 나아가는 데 영향을 줄 것'이라는 데에도 과반수 정도가 동의했다. 한편 임상 현장에서 사회적 결정요인을 이야기하기 어렵게 하는 요인으로는 역할 모델과 훈련의 부족, 시간 제약 등을 지적했다.

'사회적 문제'를 물을 때 환자를 도울 수 있다

또한 연구팀은 환자의 사회적 건강 결정요인에 대해 묻는 법을 알고 있는 의료인이 그렇지 않은 이들에 비해 '환자를 돕기 위한 행동을 취했다'고 보고하는 비율이 높다는 것을 확인했다. 이는 클리어 지침의 2단계, 곧 환자의 사회적 문제들에 대해 '묻는 것'이 환자를 돕는 데 큰 역할을 할 수 있음을 의미하는 것이다.

논문 제목이기도 한 이 결과는 시사하는 바가 크다. 왜냐하면 건강의 사회적 결정요인들로 언급되는 빈곤, 교육, 노동 등의 문제들은 포괄적이어서 한 개인이 그에 접근하고 영향을 미치기가 쉽지 않기 때문이다. 연구 결과는 그 어려워 보이는 것을 어떻게 시작할 수 있는지에 대한 실마리를 제공한다.

건강의 사회적 결정요인들에 대해 '묻고 이야기를 나누는 것'은 개개인이 실천에 옮길 수 있는 상당히 구체적인 행동으로, 그리 많은 시간과 노력을 필요로 하지는 않는다. 하지만 그것은 클리어 지침의 3단계인 '자원 위탁하기' 혹은 4단계인 '더 큰 사회적 변화 옹호'로 자연스레 이어지는 발판이 될 수 있다. 또한 환자가 의료인과의 대화를 통해 자신의 건강에 영향을 미치는 사회적 요인들을 인지하고 논할 수 있다는 것은 그 자체로도 환자의 역량을 강화한다는 점에서 큰 의미가 있다.

보건의료 종사자 중 일부는 이러한 지침이 개발되기 전에도 이미 환자의 경제적 상태, 사회적 관계, 주거 환경 등에 대해 관심을 갖고 조언을 제공하거나 이야기를 나누어 왔다. 하지만 개별 의료인의 성향이나 의지에만 좌우된다면 상황은 크게 개선될 수 없다. 이러한 접근을 보건의료 체계 내에 제도로 만들 방법, 혹은 적어도 그 필요성을 사회적으로 논의해 나가야 한다.

환자의 건강에 영향을 미치는 근본적인 문제들에 관심이 없는 의료는 결국 '회전문 의료(revolving door medicine)'에 머물 수밖에 없다. 이는 환자가 치료를 받고 병원 문을 나선다고 해도 근본적 문제가 개선되지 않으면 다시 의료인을 찾게 되며 이러한 악순환이 계속해서 반복

된다는 의미다. 이 악순환의 고리, 그리고 그와 맞물려 심화하는 건강 불평등에 맞서기 위한 대안으로서 이제 우리 사회에서도 의료인의 새로운 역할과 그 잠재적 가능성을 이야기해야 한다.

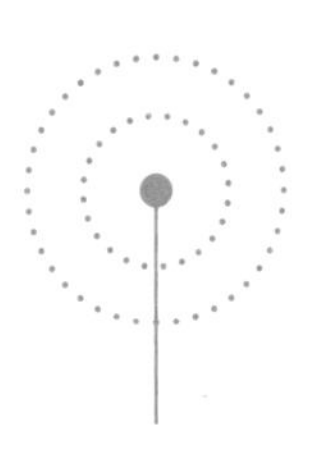

솔직한 무의식, 올바름을 위한 의식적 노력

나의 '무의식적 편견 수준'을
아는 것이 첫걸음

매년 수능 시험일이면 기업과 공공 기관의 출근 시간이 늦춰지고 항공기 운항 시간까지 변경되는 진풍경이 벌어진다. 단 한 번의 평가로 인생이 판가름 나기에 온 나라가 긴장하고 수험생 편의에 맞춘다. 다수의 객관식 문항들로 구성된 시험 한 번으로 사람의 능력을 평가한다는 것이 어쩐지 찜찜하다. 더구나 그 시험 한 번으로 청소년들의 남은 인생이 결정된다고 하면 더욱 마음이 불편해진다. 하지만 이런 시험이 그나마 '공정한' 게임이라고 생각하는 이들이 많다. 최소한 평가자의 자의적 판단이나 부당한 조작이 개입될 여지가 적기 때문이다.

최근의 굵직한 입시 부정, 채용 비리 사건들을 떠올려 보면 이러한 의심이 아주 터무니없는 것도 아니다. 자율형 사립고인 하나고등학교에서는 (무려 21세기에!) 남학생을 더 뽑으려고 서류 면접 성적을 바꿔치기했다.[1] 면접이 결정적 영향을 미치는 로스쿨 선발 과정에서는 특정 지원자가 고위 법관이나 로펌 파트너의 자제라는 사실을 면접위원에게 알려주었다.[2] 그런가 하면 공기업인 강원랜드는 내부 감사 결과 2012년 1년 동안 채용한 신입사원 합격자의 95%가 외부 청탁을 받은 '별도 관리 대상'이었음이 드러나기도 했다.[3] 518명의 신규 채용자 중 493명이 외부 청탁을 받은 이들이었다니, 믿기지 않는 결과이다.

그러나 객관식의 일회성 시험보다는 다양한 자료를 검토하고 심층 인터뷰를 통해 지원자의 잠재력을 평가하는 것이 훨씬 좋은 방법이라는 점은 분명하다. 그래서 많은 학교와 기업들이 다면적 평가를 확대하면서 동시에 평가자들의 자의성을 최소화하고 타당한 평가 결과를 도출하기 위해 노력한다. 정상적인 기관이라면 말이다.

신입생 선발 과정의 인종적 편견

그런데 2016년 《미국의학교육학회지》에 실린 논문은 이것만으로는 부족하다고 이야기한다.[4] 오하이오 주립대학교 카퍼스(Capers Q) 교수팀은 객관적 평가 노력에서 한발 더 나아가, 선발 위원의 무의식적 편견이 입시에 영향을 미칠 가능성을 우려했다.

미국의 보건의료 전문직에는 아프리카계 미국인(이하 흑인으로 표현)을 비롯한 소수 인종 비율이 낮다. 보건의료 서비스에서 나타나는 인종 간 불평등이 보건의료 전문직의 인종 불평등과 관련 있다는 연구 결과도 있다. 예컨대 환자의 인종에 따라 의사의 상담 태도나 치료 노력이 달라지고, 그로 인해 치료 결과가 달라진다는 것이다. 카퍼스 교수팀은 보건의료 전문직의 인종 불균형 문제가 의대 신입생 선발 과정부터 시작될 수 있다는 가정하에 신입생 선발에 참여하는 이들의 인종적 편견 수준을 조사했다.

최소한의 염치와 상식이 있는 사람이라면 대놓고 인종차별 성향을 드러내지 않는다. 더구나 의대 신입생 선발 위원회에 속할 정도의 사회적 지위를 가진 사람이라면 더욱 그럴 것이다. 위선일 수도 있지만, 고학력 중간 계급일수록 평등 지향, 자유주의적 성향이 강하다는 것은 잘 알려져 있다. 그래서 통상적 설문 조사를 통해서 인종적 편견을 파악하는 경우, 편견 수준이 매우 낮게 나오는 것이 보통이다.

실제로 카퍼스 교수팀이 선발 위원들에게 설문을 실시하여 흑인과 백인(유럽계 미국인)에 대한 인종적 선호를 평가한 결과 여성과 남성, 학생과 교수 모두 특별한 인종적 편견이 없는 것으로 나타났다.

연구팀은 이러한 규범적 설문 태도의 문제를 극복하고자 '암묵적 연관성 테스트(implicit association test)'를 시행했다. 이는 컴퓨터 화면에 나타난 흑인과 백인의 얼굴, 긍정적 단어들(예: 사랑스러운, 즐거운, 행복한, 사랑, 기쁨)과 부정적 단어들(예: 모욕하다, 끔찍한, 독, 이기적, 추잡한, 더러운)을 연계시키는 반응 속도를 측정하는 것이다.

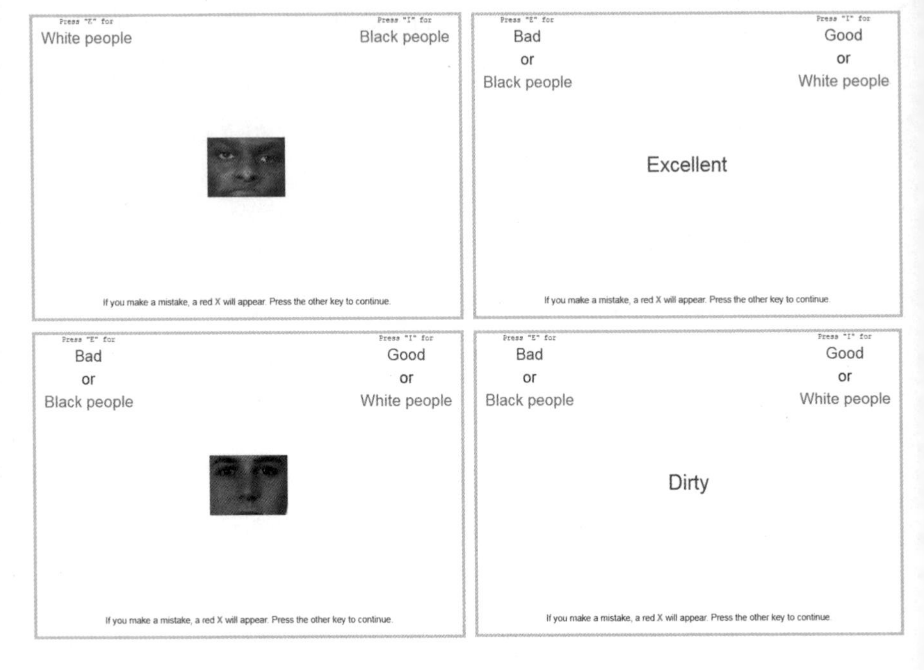

[그림 29] 암묵적 연관성 테스트 화면 ©implicitharvard.edu

[그림29]처럼, 처음에는 흑인 얼굴이나 긍정적 단어가 나오면 오른쪽 단추, 백인 얼굴이나 부정적 단어가 나오면 왼쪽 단추를 누르도록 정한 후 임의의 순서로 얼굴 사진과 단어를 번갈아 가면서 보여 준다. 일정 횟수가 지나면 이제 규칙을 바꾸어 흑인 얼굴이나 부정적 단어가 나오면 왼쪽 단추, 백인 얼굴이나 긍정적 단어가 나오면 오른쪽 단추를 누르도록 한 후, 다시 사진과 단어들을 번갈아 보여 준다.

이때 사진이나 그림이 화면에 나타난 후 단추를 누르는 데 걸리는 반응 시간을 측정하여 그 차이를 평가한다. 백인-긍정적 단어를 연관짓는 반응 속도가 더 빠른 경우 백인 편향의 선호가 존재한다고 판정한다. 이러한 테스트는 무의식적 편견을 잘 포착하며, 일반 설문 조사에 비해 차별적 행태를 더 정확하게 예측한다고 알려져 있다. 실제로 테스트를 해 보면, 정치적으로 올바른 답변을 하겠다는 본인의 의지와 무관하게, 무작위로 빠르게 화면에 나타나는 단어와 사진들에 허둥거리며 단추를 누르고 있는 자신을 발견하게 된다.[5]

나의 편견을 아는 것이 첫걸음

이 연구에는 2012~2013년도 오하이오 주립대학교 의과 대학 신입생 선발 위원회 140명이 익명으로 참여했고, 테스트 결과는 본인에게만 화면에 공지되었다. 연구팀은 익명화된 자료를 이용하여 성별, 학생/교수 여부에 따라 평가 결과를 비교했다.

연구 결과는 매우 간단하다. 남성과 여성, 학생과 교수진 모든 집단에서 유의한 수준으로 백인 선호 편향이 확인되었다. 특히 남성과 교수들에게서 인종 편향이 심하게 나타났다. 본인도 의식하지 못하는 사이에 면접 과정에서 인종적 편향이 영향을 미칠 수 있음을 시사하는 대목이다.

그렇다면 이러한 테스트는 무슨 의미가 있을까? 평가 시행 후에 시행한 설문 조사에서 대부분의 참여자들은 이러한 테스트가 자신을 돌아보고 편견을 줄이려 노력하는 데 도움이 되었다고 응답했다. 절반 정도는 그 다음 해 면접 과정에서 자신의 테스트 결과를 염두에 두고 편견이 작동할 가능성을 경계했다고 진술했다. 말하자면, 나 스스로를 앎으로써 성찰하고 경계하는 계기가 마련된 것이다.

연구팀은 백인보다 흑인에게서 인종적 편견이 적다는 다른 연구의 결과와 함께, 이번 조사에서 나타난 것처럼 여성과 젊은 학생들일수록 무의식적 인종 편견이 적다는 점을 언급하면서, 신입생 선발 위원회에 여성, 흑인, 학생을 많이 포함시키는 것이 보다 공정한 평가를 하는 데 도움이 될 것이라고 제안했다.

대부분의 인간은 사회의 지배적 문화와 이념으로부터 자유로울 수 없다. 젠더 불평등이라면 치를 떠는 필자 역시 조카에게 "남자애가 무슨 엄살이야"라는 말을 내뱉고는 스스로 책망한 적이 있다. 심지어 이 글을 쓰기 위해 시험 삼아 해 본 암묵적 연관성 테스트에서는 '중간 정도의(moderately) 백인 선호'가 있다는 결과를 받았다. 건강 불평등 연구자인 내가, 인종차별을 그렇게 비판하던 내가 이런 편견을 가지고 있다니, 정말 인정하고 싶지 않은 결과였다.

하지만 논문의 저자들이 이야기한 것처럼 무엇이 문제인지를 아는 것이야말로 문제 해결의 시작이다. 개인적 차원에서는 자신의 행동을 성찰하고 교정하는 데 의식적 노력을 기울일 수 있고, 제도적 차원에서는 균형 할당제나 입시/인사 위원회의 인적 구성 다양화 등 실질적 대책을 마련할 수 있기 때문이다.

실제로 미국 전역의 의대생을 대표하는 표본으로 구성된 CHANGES 연구(Medical Student Cognitive Habits and Growth Evaluation Study)의 일환

으로 시행된 분석에 의하면, 정규 교과 중에 흑-백 암묵적 연관성 테스트를 받은 학생들일수록 암묵적 인종 편견이 감소하는 것으로 나타났다. 한편 수련 과정 중에 다른 의사들이 흑인 환자에게 부정적 이야기를 하는 것을 들은 적이 있는 학생들은 암묵적 인종 편견이 심해지고, 흑인 선배 의사와 안 좋은 관계를 맺었던 경우에도 암묵적 인종 편견이 심해지는 것으로 나타났다.[6] 이러한 효과는 공식적, 비공식적 교과 과정을 통해 인종 편견이 개선될 수도 혹은 악화될 수도 있음을 확인했다는 점에서 매우 의미 있다. 즉, 편견은 평생 불변하는 것이 아니며, 환경의 변화와 의식적인 개선 노력에 의해 충분히 바뀔 수 있다는 것이다.

사실 현재 한국 사회에서 무의식적 편견을 개선하자는 이야기는 너무 사치스럽게 들린다. 일말의 부끄러움도 없이 대놓고 인종적, 성적 편견과 혐오를 드러내는 이가 아직도 너무나 많기 때문이다. 그래도 믿을 것은 역시 비판과 성찰의 힘이다. 우선 독자들부터 암묵적 연관성 테스트를 해 보고, 스스로가 가진 무의식적 편견을 평가해 보자. 아는 것으로부터 변화가 시작된다.

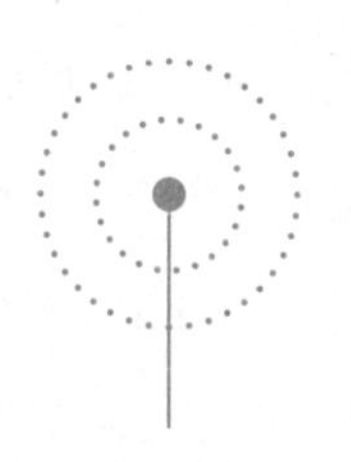

연대의 공동체가 우리를 지킨다

1장에서 3장까지는 주로 '건강의 사회적 결정요인'이 어떻게 건강에 영향을 미치고 건강 불평등으로 이어지는지, 문제점이 무엇인지 보여 주는 데 집중했다. 그리고 마지막 4장에서는 이 문제를 어떻게 해결할 수 있을지 그 대응을 다루고 있다.

건강 불평등은 단기간에 교정할 수 없을 것 같고, 특히 사회적 문화, 혐오와 차별의 이데올로기 같은 것들은 좀처럼 바꾸기 어려운 것으로 보인다. 하지만 건강 불평등은 결코 자연스러운 것도 필연적인 것도 아니다. 이는 '불량한 사회 정책과 사업, 불공정한 경제 질서, 나쁜 정치의 유독한 조합'[1]을 통해 나타난 결과물일 뿐이다. 우리는 모든 이들의 건강을 개선할 방법, 건강 불평등을 개선할 방법을 이미 알고 있다. 전통적인 사회 정책들, 새로운 아이디어, 과학기술을 이용한 혁신적 프로그램들이 이러한 문제를 해결하는 데 중요한 역할을 할 수 있다는 점을 4장의 글들이 보여 준다.

이를테면 성 소수자에 대한 혐오나 인종적 편견 또한 교육과 훈련을 통해서, 자기 성찰과 긍정적 경험의 강화를 통해서 충분히 바꿔 나갈 수 있다. 성 소수자 청소년이 당하는 괴롭힘에 용기 있게 맞서는 이들을 보호해 주는 장치, 성 소수자와 이성애자 학생들의 연합체 조직, 스스로의 무의식적 편견까지 돌아보고 성찰할 수 있도록 하는 평가 프로그램, 인종적 편견의 존재를 인정하면서 이를 극복할 수 있도록 다양한 인적 구성의 선발 위원회를 조직하는 것, 보건의료 예비 전문가들이 소수 인종에 대한 편견을 줄일 수 있는 긍정적 경험 프로그램을 개발하는 것. 이 모든 것들은 혁신의 몇 가지 사례일 뿐이다. 바로 이런 점에서, 한국 사회의 혐오 용인은 매우 우려스럽다.

노골적인 소수자 혐오와 편견에 대해서, 의사 표현의 자유 혹은 종교의 자유를 들며 사회적 제재를 가하지 않는 것은 그러한 행동을 '해도 괜찮다'는 시그널을 주는 것이나 다름없다. 차별과 편견이 만연한 사회에서 '나만은 그렇지 않다'는 것도 기만에 가깝지만, 최소한의 '세련된 위선'조차 벗어 버린 채 거리낌 없이 혐오와 편견을 드러내는 인간 사회라면 세렝게티 초원과 다를 게 무엇인가? 편견과 이데올로기는 제도에 의해 강화되기도 약화되기도 한다. 정부는 제3자에 의한 소수자 인권 침해에 보다 적극적으로 개입하여 이것이 잘못된 행위임을 인지시키고, 시민의 건강권을 보장해야 한다.

한편 최저임금의 어린이 건강 개선 효과를 보여 준 미국 연구팀의 연구는 건강 보장을 위한 정책의 시야를 훨씬 넓혀야 한다는 것을 보여 준다. 이미 이전 장들에서도 건강과 무관해 보이는 요소, 이를테면 주택 가격이 건강에 중요한 영향을 미친다는 점들을 확인했다. 많은 이들이 건강 문제는 보건의료 정책으로 해결하고, 어린이를 위한 정책은 어린이가 대상으로 특정된 것들이라고 생각하지만 실제로는 그렇지 않다. 최저임금 정책은 그 어떤 아동 정책보다 중요한 어린이 건강 보호 정책이고, 전쟁을 막는 평화 정책이야말로 그 어떤 보건의료 정책보다 시민의 건강 보호에 중요한 역할을 한다.

그렇다고 보건의료 정책이 건강과 건강 불평등 개선에 아무런 역할도 하지 못한다는 뜻은 아니다. 노르웨이 사례에서 볼 수 있듯, 신약 도입과 여성 친화적인 방향으로의 진료 지침 변화는 수많은 여성이 건강과 안전을 더욱 쉽게 보호할 수 있는 길을 열어 주었다. 또한 잘 구축된 1차의료 체계는 첨단 의료 시설의 전문의 서비스 못지않게 암 환자의 생존율 증가에, 특히 취약 계층의 건강 보호에 긍정적 효과를 가져올 수 있었다. 뿐만 아니라 보건의료 현장에서 의료 서비스 제공을 넘어 '건강의 사회적 결정요인'에 대해 묻고 문화적으로 타당한 서비스를 제공하며 사회 보호 프로그램을 연계해 주는 것은 작은 실천이지만 크나큰 진전이다.

한편 일본 후쿠시마 지진과 노인의 인지 기능 저하를 분석한 연구 사례는 사회 정책과 프로그램, 국가의 제도화된 노력뿐 아니라 지역사회의 연대가 얼마나 중요한 것인지를 보여 준다. 건강권 보장의 일차적 책임 주체로서 국가의 역할이 중요한 것은 말할 나위가 없지만, 시민 사회의 역량과 연대는 결코 간과해서는 안 될 건강 결정요인이다. 이것이야말로 진짜 풀뿌리 민주주의와 정치의 힘이기도 하다.

우리는 이 책에서 '건강의 사회적 결정요인'이라는 관점에 따라, 여러 국가와 지역사회에서 관찰한 다양한 사례들, 건강에 미치는 부정적인 영향과 긍정적인 영향들을 살펴보았다.

세상에 영원한 것은 없고, '원래' 그런 것도 없다. 우리가 현재 존재하는 거대한 사회 불평등, 건강 불평등이 부당하다고 인식한다면 그것을 바꿀 수 있고 또 바꾸어야 한다. 물론 그것이 쉽다는 이야기는 결코 아니다. 하지만 생각해 볼 만한 사례가 있다.

소비에트 연방이 해체된 지 불과 4년 만에, 러시아의 사망률은 33%나 증가했고 남성들의 기대 수명은 63.8년에서 57.7년으로 줄어들었다. 이러한 수명 감소의 상당 부분은 25~64세 인구의 사망률 증가에서 비롯된 것이고, 심혈관 질환과 자살, 교통사고, 폭력 등으로 인한 손상이 큰 역할을 한 것으로 드러났다. 경제적, 사회적 불안정성, 술과 담배 소비의 급증, 영양 결핍, 우울증과 공적 보건의료 체계의 붕괴 등을 그 원인으로 지목할 수 있다.[2] 이 사례는 역설적이지만, 건강의 사회적 결정요인들이 우리 예상보다 훨씬 빠른 속도로, 그리고 아주 직접적으로 건강에 영향을 미칠 수 있다는 점을 보여 준다. 즉, 사회가 어떠한 길을 선택하느냐에 따라 인구 집단의 건강은 빠르게 개선될 수도 악화될 수도 있고, 건강 불평등 또한 단기간에 심해질 수도 완화될 수도 있다는 것이다.

이런 면에서 보다 많은 사람들이 건강의 사회적 결정요인의 중요성, 건강 불평등 문제의 심각성을 이해하고 이것이 해결할 수 있는 문제라는 것을 깨닫는 것은 중요한 출발점이다. 아마도 이 책이 독자들의 소중한 시간 투자에 어떤 보답이 되었다면, 그것은 우리 사회가 이러한 출발점에 준비된 자세로 설 수 있게 만드는 '시민의 힘'을 기르는데 약간의 힘을 보탰다는 사실이 아닐까 싶다.

• 이 책에 실린 글은 모두 2014년부터 최근까지 시민건강연구소가 〈프레시안〉의 '서리풀연구통' 코너에 연재한 것들로, 책으로 엮는 과정에서 김명희 연구원이 모든 글을 다듬고 정리했으며 각 장의 마무리 글을 새로 썼다. 글을 쓴 김명희, 김성이, 김새롬, 김정우, 류한소, 서상희, 송리라, 연두, 오로라, 유원섭, 이주연, 조효진(이상 12명)은 시민건강연구소 연구원 및 회원이다.

주

1. 동네, 학교, 일터가 우리를 아프게 한다

죽도록 일하다가 정말 죽는다

1. 경향신문 2017년 8월 3일자. 〈[광역 · 시내버스 동승르포]'2시간30분 운전에 휴식 5분' 생마늘, 생양파 먹고 운전〉
2. Ahola K, Väänänen A, Koskinen A, Kouvonen A, Shirom A. "Burnout as a predictor of all-cause mortality among industrial employees: a 10-year prospective register-linkage study" *Journal of Psychosomatic Research* 2010; 69(1): 51-7
3. 중앙일보 2016년 6월 8일자. 〈[윤대현 교수의 스트레스 클리닉] 불안에 중독된 당신, 하루 10분이라도 '마인드 바캉스'〉
4. Jiang L, Probst TM. "The rich get richer and the poor get poorer: country- and state-level income inequality moderates the job insecurity-burnout relationship." *Journal of Applied Psychology* 2017; 102(4) : 672-681
5. 홍민기. 「소득 불평등: 현황과 대책」. 《노동리뷰》 2017년 5월호

그들은 왜 산업재해에 더 취약한가

1. 한국일보 2018년 1월 30일자. 〈4명 숨진 포스코 질소누출사고, 막을 수 있는 인재였다〉
2. 연합뉴스 2013년 5월 10일자. 〈현대제철 용광로 작업 근로자 아르곤 가스 질식사〉
3. 오마이뉴스 2014년 9월 30일자. 〈잇따른 노동자 사망… 이게 당연한가요?〉
4. Lay AM, Saunders R, Lifshen M, et al. "The relationship between occupational health and safety vulnerability and workplace injury" *Safety Science* 2017; 94: 85-93
5. Lay AM, Saunders R, Lifshen M, et al. "Individual, occupational, and workplace correlates of occupational health and safety vulnerability in a sample of Canadian workers" *American Journal of Industrial Medicine* 2016; 59: 119-28
6. CBS 김현정의 뉴스쇼 2017년 10월 11일자. 〈타워크레인 10년 몰아보니… '안전 지적하면 일 끊겨'〉

백수보다 해로운 직장 생활

1. 프레시안 2018년 1월 4일자. 〈부산·울산지역 조선업 불황에 실업률 최고치 기록〉
2. 프레시안 2018년 2월 20일자. 〈정부, 'GM 철수' 군산 '고용위기지역' 지정키로〉
3. Chandola T, Zhang N. "Re-employment, job quality, health and allostatic load biomarkers: prospective evidence from the UK Household Longitudinal Study" *International Journal of Epidemiology* 2018; 47(1): 47–57
4. 뉴시스 2018년 3월 25일자. 〈GM 사태, 근로자 잇따른 자살… 우려가 현실로〉
5. Benach J, Benavides F G, Platt S, Diez-Roux A, Muntaner C. "The health-damaging potential of new types of flexible employment: a challenge for public health researchers" *American Journal of Public Health* 2000; 90(8): 1316–1317
6. 김창엽, 김명희, 이태진, 손정인. 『한국의 건강 불평등』 서울대학교 출판문화원 2015. pp.133-147

'경력 단절 여성'이 위험하다

1. 요스타 에스핑 안데르센. 『끝나지 않은 혁명』 주은선, 김영미 옮김. 나눔의집. 2014
2. Frech A, Damaske S. "The relationships between mothers' work pathways and physical and mental health" *Journal of Health and Social Behavior* 2012; 53(4): 396–412

시간 유리 천장에 갇힌 사람들

1. Dinh H, Strazdins L, Welsh J. "Hour-glass ceilings: work-hour thresholds, gendered health inequities." *Social Science & Medicine* 2017; 176: 42-51
2. Dean E. "Sickness absence halved in trial of six-hour day" *Nursing Standard* 2017; 31(20):9
3. Directorate General for Internal Policies. "Policy Department C: Citizens' Rights and Constitutional Affairs – Womens Rights & Gender Equality: The Policy on Gender Equality in Sweden" *European Parliament* 2015

소녀들의 몸과 마음을 갉아먹는 성적 괴롭힘

1. 노컷뉴스 2017년 6월 27일자. 〈"어떻게 이런 학교, 이런 교사가"…부안 여고생 성추행 '일파만파'〉
2. 뉴시스 2017년 7월 1일자. 〈여주 여고생 성추행 피해자 50명 넘어〉
3. 노컷뉴스 2017년 8월 1일자. 〈"짝짓기 시즌에 가치 높여라" 여고서 교사가 성희롱 발언〉
4. TV 조선 2017년 6월 28일자. 〈성추행 은폐 의혹 교장 "조용히 끝날 거야"〉

5. Romito P, Cedolin C, Bastiani F, Beltramini L, Saurel-Cubizolles MJ. "Sexual harassment and menstrual disorders among Italian university women: A cross-sectional observational study" *Scandinavian Journal of Public Health* 2017; 45(5): 528-535

지역 간 건강 불평등의 뿌리

1. 기대 수명(life expectancy)이란 현재의 연령별 사망률이 적용된다고 할 때 특정 연령에 도달한 개인들이 앞으로 더 살 것으로 기대되는 평균 연 수를 지칭한다. 이는 연령 특수 사망률에 기초한 일종의 통계적 추상으로, 현재 인구 집단의 건강과 사망 상태를 종합적으로 나타내는 가상 척도이다. 평균 수명이란 출생 시의 기대 수명을 뜻한다.
2. Nosrati E, Ash M, Marmot M, McKee M, King LP. "The association between income and life expectancy revisited: deindustrialization, incarceration and the widening health gap" *International Journal of Epidemiology* 2017; 47(3): 720-730
3. 김창엽, 김명희, 이태진, 손정인. 『한국의 건강 불평등』 서울대학교 출판문화원. 2015

'원인의 원인'을 찾아서

1. Tarlov AR. Social determinants of health: The sociobiological translation. In: Blane D, Brunner E, Wilkinson R (eds). *Health and social organization*. London: Routledge. 1996
2. Commission on Social Determinants of Health Final Report. "Closing the Gap in a Generation: Health Equity Through Action on the Social Determinants of Health" Geneva: WHO. 2008
3. Link BG, Phelan J. "Social conditions as fundamental causes of disease" *Journal of Health and Social Behavior* 1995; Spec No: 80-94.
4. Jahoda M. "Work, employment, and unemployment - values, theories, and approaches in social research" *American Psychologist* 1981; 36(2): 184-191

2. 차별, 부패, 불평등이 우리의 건강을 위협한다

동성애 혐오, 당신의 수명이 단축된다

1. Hatzenbuehler ML, Bellatorre A, Lee Y, Finch BK, Muennig P, Fiscella K. "Structural stigma and all-cause mortality in sexual minority populations" *Social Science &*

Medicine 2014; 103: 33-41
2. Herek GM. "Hate crimes and stigma-related experiences among sexual minority adults in the United States: prevalence estimates from a national probability sample" *Journal of Interpersonal Violence* 2009; 24(1): 54-74
3. Hastzenbuehler ML, Bellatorre A, Muennig P. "Anti-gay prejudice and all-cause mortality among heterosexuals in the United States" *American Journal of Public Health* 2014; 104(2): 332-337
4. Herek GM, McLemore KA. "Sexual prejudice" *Annual Review of Psychology* 2013; 64: 309 - 33
5. Callender KA. "Understanding antigay bias from a cognitive-affective-behavioral perspective" *Journal of Homosexuality* 2015; 62(6): 782-803

한국이라면 쿠르디가 살 수 있었을까?

1. 난민인권센터(http://nancen.org/1598?category=118980). 국내 난민 현황(2016. 12. 31. 기준)
2. 이주아동권리보장기본법 제정추진 네트워크. 이주 아동 인권 보장을 위한 정책 브리프.
3. Jarlenski M, Baller J. Borrero S, Bennett WL. "Trends in disparities in low-income children's health insurance coverage and access to care by family immigration status" *Academic Pediatrics* 2016; 16(2): 208-215
4. Griffith K, Evans L, Bor J. "The Affordable Care Act reduced socioeconomic disparities in health care access" *Health Affairs* 2017; 36: 1503 - 1510

'그들'을 몰아내니 '우리'가 아팠다

1. 노동건강연대, 환경보건시민센터, 시민건강연구소. 「시민건강실록」 2017
2. 매일노동뉴스 2017년 8월 9일자. 〈20대 네팔 이주노동자 통장에 320만원 남기고 목숨 끊어〉
3. Novak NL, Geronimus AT, Martinez-Cardoso AM. "Change in birth outcomes among infants born to Latina mothers after a major immigration raid" *International Journal of Epidemiology* 2017; 46(3): 839 - 849
4. Lauderdale DS. "Birth outcomes for Arabic-named women in California before and after September 11" *Demography* 2006; 43(1): 185 - 201
5. 연합뉴스 2017년 9월 6일자. 〈美, 불법체류 청년 80만명 추방결정… 한인 1만명도 쫓겨날 위기〉
6. CNN 뉴스. 2018년 6월 22일자. 〈What's happening at the US border: American Acad-

emy of Pediatrics head says separating families is 'child abuse'〉
7. 매일노동뉴스 2017년 2월 13일자. 〈출입국사무소 무리한 단속에 죽고 다치는 미등록 이주노동자〉
8. 한겨레 21 2015년 4월 7일자. 〈외국인 노동자들 싹쓸이해 잡아가면 농민들 다 죽는다〉

낙하산 기업의 노동자가 더 많이 죽는 이유

1. 법률신문 2013년 6월 17일자. 〈[50대 기업 변호사 임원분석] 54명 그들은 누구인가〉
2. 시민건강연구소. 「알코올 규제 정책, 패러다임을 바꾸자」 2014
3. R Fisman, Y Wang. "The mortality cost of political connections" *The Review of Economic Studies* 2015; 82(4): 1346-1382
4. Park JE, Kim MH. "Workplace fire – not a misfortune but an avoidable occupational hazard in Korea" *New Solutions* 2015; 24(4): 483-494

풀뿌리로 위장한 시민단체

1. Fallin A, Grana R, Glantz SA. "'To quarterback behind the scenes, third-party efforts': the tobacco industry and the Tea Party" *Tobacco Control* 2014; 23: 322-331
2. 담배 기업들의 광고, 제조, 마케팅, 학술 연구, 정치적 활동에 관한 내부 문건 1천 4백만 건 이상을 보유한 온라인 아카이브로 미국 캘리포니아 대학교 샌프란시스코 캠퍼스에서 운영을 맡고 있다. 이는 1994년 담배 기업의 내부 고발자가 니코틴의 중독성과 담배의 건강 피해에 관한 자체 연구 결과가 담긴 기밀 문건을 글란츠 교수에게 제보하면서 시작되었다. 이후 1998년 미국의 주정부들과 주요 담배 기업들의 소송이 조정으로 마무리되면서 그 조건으로 기업 내부 문서를 공개하도록 했고, American Legacy Foundation(현재 Truth Initiative)의 재정 지원으로 문서 보관소를 설립, 유지할 수 있게 되었다. 현재 'Truth Tobacco Industry Documents'로 명칭이 변경되었다.(출처: https://www.industrydocumentslibrary.ucsf.edu/tobacco/about/history/)
3. 시민건강연구소. 「알코올 규제 정책, 패러다임을 바꾸자」 2014
4. 시민건강연구소. 「담배 규제와 건강 불평등」 2010
5. MBC 스트레이트 2018년 5월 7일자. 〈삼성, 어버이 연합의 폭력성 육성했다〉

부자 동네는 장내 세균도 다르다

1. Miller G, Engen P, Gillevet P, et al. "Lower neighborhood socioeconomic status associated with reduced diversity of the colonic microbiota in healthy adults" *PLoS One* 2016 ; 11(2): e0148952

2. 라포르시안 2017년 6월 7일자. 〈세브란스병원, 항생제 대신 '대변이식'으로 장염 치료〉
3. 경향신문 2017년 12월 18일자. 〈'대변은행' 들어보셨나요?〉
4. 미국 국립보건원 Human Microbiome 프로젝트 누리집 https://hmpdacc.org/

불평등은 수면을 잠식한다

1. Jackson CL, Redline S, Emmons KM. "Sleep as a potential fundamental contributor to disparities in cardiovascular health" *Annual Review of Public Health* 2015; 36: 417-440
2. Khang YH, Kim HR. "Socioeconomic inequality in mortality using 12-year follow-up data from nationally representative surveys in South Korea" *International Journal for Equity in Health* 2016; 15: 51
3. 시민건강연구소. 「한국 보건의료 부문의 근로 시간 형태와 그 영향」 2015. 이 연구는 2015년에 ILO가 발행한 워킹페이퍼 「보건 분야 근로 시간 조직화와 그 효과」(ILO. The organization of working time and its effects in the health services sector: a comparative analysis of Brazil, South Africa and the Republic of Korea. Conditions of Work and Employment Series No.56)를 위한 국가별 사례 연구의 일환이었으며, 보건의료 부문의 교대 근무와 장시간 노동 현황, 그 영향을 파악하기 위한 것으로 보건의료 종사자, 경영진, 전문가, 정책 결정자와의 면담을 통해 이루어졌다.
4. Owens JA, Belon K, Moss P. "Impact of delaying school start time on adolescent sleep, mood, and behavior" *Archives of Pediatrics and Adolescent Medicine* 2010; 164(7): 608-14
5. Fletcher KE, Underwood W, Davis SQ, Mangrulkar RS, McMahon LF, Saint S. "Effects of work hour reduction on residents' lives: a systematic review" *Journal of American Medical Association* 2005; 294: 1088-1100
6. Reed DA, Fletcher KE, Arora VA. "Systematic review: association of shift length, protected sleep Time, and night float with patient care, residents' health, and education" *Annals of Internal Medicine* 2010; 153: 829-842

불평등은 어떻게 우리 몸에 새겨지는가

1. 프레시안 2016년 9월 4일자. 〈한국, 전세계에서 최악의 소득 양극화 국가〉
2. Marmot MG, Stansfeld S, Patel C, et al. "Health inequalities among British civil servants: the Whitehall Ⅱ study" *The Lancet* 1991; 337(8754): 1387-1393
3. Hertzman C. "Health and human society" *American Scientist* 2001; 89: 538-545

4. Hertzman C, Boyce T. "How experience gets under the skin to create gradients in developmental health" *Annual Review of Public Health* 2010; 31: 329-347
5. Castagné R, Delpierre C, Kelly-Irving M, et al. "A life course approach to explore the biological embedding of socioeconomic position and social mobility through circulating inflammatory markers" *Scientific Reports* 2016; 6: 25170
6. 염증반응 지표: 1) 사이토카인 - IFNA2, IL1B, IL2, IL4, IL5, IL6, IL7 IL10, IL13, IFNG, CD40LG, TNF 2) 케모카인 - CCL11, CCL2, CCL7, CCL3, CCL4, CCL22, CX3CL1, CXCL1, CXCL10, CXCL8 3) 성장인자 - EGF, CSF3, CSF2, TGFA, VEGFA, FGF23

몸은 과거를 기록한다

1. 리사 F. 버크먼, 이치로 가와치 엮음. 『사회 역학』 신영전, 김명희, 전희진, 김석현 옮김. 한울아카데미. 2003
2. McEwen BS, Gianaros PJ. "Central role of the brain in stress and adaptation: links to socioeconomic status, health, and disease" *Annals of New York Academy Science* 2010; 1186: 190-222.
3. McEwen BS, Gianaros PJ. "Stress- and allostasis-induced brain plasticity" *Annual Review of Medicine* 2011; 62: 431-445
4. Blane D. The life course, the social gradient, and health. In: Marmot M, Wilkinson RG (ed) *Social Determinants of Health*. Oxford University Press. 2006

3. 제도, 기술, 정치가 우리를 보호하지 않을 때

무책임한 산재보험, 죽음을 부른다

1. 경향신문 2017년 9월 7일자. 〈우체국, 무사고 달성하려… 교통사고 환자 병가 처리〉
2. Echeverria MT, Abadía-Barrero CE, Palacios CG. "Work-related illness, work-related accidents, and lack of social security in Colombia" *Social Science & Medicine* 2017; 187: 118-125
3. 프레시안 2014년 9월 12일자. 〈'삼성 백혈병' 황유미 · 이숙영 씨, 산재 확정〉
4. 프레시안 2017년 10월 12일자. 〈은폐된 산재, 노동부 적발은 고작 10%대 불과〉
5. 노동건강연대. 「속 깊은 대화 : 앞이 보이지 않게 된 노동자들과 함께한 1년」《노동과 건강》 2017년 겨울호

부동산 정책은 건강 정책이다

1. Atalay K, Edwards R, Liu BYJ. "Effects of house prices on health: New evidence from Australia" *Social Science & Medicine* 2017; 192: 36-48
2. 한겨레 2018년 2월 22일자. 〈빚 증가분 8%대로 줄었지만 가계부채 1450조원〉
3. 주택정보포털 http://housta.khug.or.kr/khhi/web/hi/fi/hifi050009.jsp

공기청정기와 마스크

1. Kampa M, Castanas E. "Human health effects of air pollution" *Environmental Pollution* 2008; 151(2): 362-367
2. Min JY, Kim HJ, Min KB. "Long-term exposure to air pollution and the risk of suicide death: A population-based cohort study" *Science of the Total Environment* 2018; 628-629: 573-579
3. Choi GH, Heo S & Lee JT. "Assessment of environmental injustice in Korea using synthetic air quality index and multiple indicators of socioeconomic status: A cross-sectional study" *Journal of the Air & Waste Management Association* 2016; 66(1): 28-37
4. Byun HJ, Bae HJ, Kim DG, Shin HS, Yoon CS. "Effects of socioeconomic factors and human activities on children's PM10 exposure in inner-city households in Korea" *International Archives of Occupational and Environmental Health* 2010; 83(8): 867 - 878
5. Lee JT, Son JY, Kim H, Kim SY. "Effect of air pollution on asthma-related hospital admissions for children by socioeconomic status associated with area of residence" *Archives of Environmental and Occupational Health* 2006; 61(3): 123-30
6. Sun C, Kahn ME, Zheng S. "Self-protection investment exacerbates air pollution exposure inequality in urban China" *Ecological Economics* 2017; 131, : 468-474

환경 때문에 사망? 제도 때문에 사망!

1. Hiam L, Dorling D, Harrison D, McKee M. "What caused the spike in mortality in England and Wales in January 2015?" *Journal of the Royal Society of Medicine* 2017; 110(4): 131-137
2. Hawkes N. "Sharp spike in deaths in England and Wales needs investigating, says public health expert" *British Medical Journal* 2016; 352: i981
3. Green MA, Dorling D, Minton J, Pickett KE. "Could the rise in mortality rates since

2015 be explained by changes in the number of delayed discharges of NHS patients?" *Journal of Epidemiology and Community Health* 2017; 71(11): 1068-1071
4. Kim EJ, Kim H. "Effect modification of individual- and regional-scale characteristics on heat wave-related mortality rates between 2009 and 2012 in Seoul, South Korea" *Science of The Total Environment* 2017; 595: 141-148
5. Kim MH, Jung-Choi K, Jun HJ, Kawachi I. "Socioeconomic inequalities in suicidal ideation, parasuicides, and completed suicides in South Korea" *Social Science & Medicine* 2010; 70(8): 1254-1261

기술은 어떻게 젠더 폭력을 촉진하는가

1. 한국일보 2017년 4월 7일자. 〈공연장에서, 팬 사인회에서… 직접 몰카 잡아내는 여자 아이돌의 고충〉
2. 연합뉴스 2017년 10월 2일자. 〈'몰카범죄'구속자 지난해 155명… 5년 만에 5배로 급증〉
3. Burke SC, Wallen M, Vail-Smith K, Knox D. "Using technology to control intimate partners: An exploratory study of college undergraduates" *Computers in Human Behavior* 2011; 27(3): 1162-1167
4. Woodlock D. "The Abuse of Technology in Domestic Violence and Stalking" *Violence Against Women* 2017; 23(5): 584-602
5. 사단법인 한국 여성의 전화. 「'가락동 스토킹 살인사건' 가해자 엄중 처벌 촉구 및 사법정의 실현을 위한 활동」(http://hotline.or.kr/board_TCCf01/29538)
6. 한국형사정책연구원. 「스토킹의 실태와 대책에 관한 연구」 2000
7. 리벤지 포르노(revenge pornography)란 남성이 이별 후 복수 목적으로 여성의 신상과 함께 유포하는 연인 간의 섹스 사진과 동영상을 말한다. 여성의 이별 통보에 대한 보복을 '리벤지(복수)'라고 표현하고, 사적인 사진과 영상을 '포르노'라는 성적 대상화의 표현으로 나타낸 이 용어는 명백히 여성의 삶과 주체성을 파괴하려는 발상에서 나온 것이다. 이런 이유로 피해자 지원 활동가들은 '디지털 성범죄 영상'이라고 고쳐 부를 것을 주장한다.
8. 연합뉴스 2017년 9월 26일자. 〈정부 '몰카 무관용'…'리벤지 포르노' 유포 무조건 징역형〉

자율주행차 시대, 건강과 윤리의 딜레마

1. Fleetwood J. "Public Health, Ethics, and Autonomous Vehicles" *American Journal of Public Health* 2017; 107(4): 532-537
2. Bonnefon JF, Shariff A, Rahwan I. "The social dilemma of autonomous vehicles" *Science* 2016; 352(6293): 1573-1576

전쟁은 무시된 건강의 문제다

1. 위키피디아(https://en.wikipedia.org/wiki/World_War_II_casualties)
2. 브리태니커 백과사전(https://www.britannica.com/event/Korean-War)
3. Lee C. "Long-term health consequences of prenatal exposure to the Korean War" *Asian Population Studies* 2017; 13(1): 101-117
4. Devakumar D, Birch M, Osrin D, Sondorp E, Wells JC. "The intergenerational effects of war on the health of children" *BMC Medicine* 2014; 12(1): 57
5. Manduca P, Naim A, Signoriello S. "Specific association of teratogen and toxicant metals in hair of newborns with congenital birth defects or developmentally premature birth in a cohort of couples with documented parental exposure to military attacks: Observational study at Al Shifa Hospital, Gaza, Palestine" *International Journal of Environmental Research and Public Health* 2014; 11: 5208-5223

정치는 가장 중요한 '건강 결정요인'

1. The Guardian. 2016년 3월 24일자. "Tay, Microsoft's AI chatbot, gets a crash course in racism from Twitter"

4. 건강 불평등 사회를 함께 헤쳐 나가려면

어떤 청소년들이 성 소수자 괴롭힘에 맞서나

1. Poteat VP, Vecho O. "Who intervenes against homophobic behavior? Attributes that distinguish active bystanders" *Journal of School Psychology* 2016; 54: 17-28
2. Baams L, Dubas JS, van Aken MA. "Comprehensive sexuality education as a longitudinal predictor of LGBTQ name-calling and perceived willingness to intervene in school" *Journal of Youth and Adolescence* 2017; 46: 931-942
3. Marx RA, Kettrey HH. "Gay-Straight Alliances are associated with lower levels of school-based victimization of LGBTQ+ Youth: A systematic review and meta-analysis" *Journal of Youth and Adolescence* 2016; 45: 1269-1282

최저임금 올려야 어린이 건강도 좋아진다

1. Komro KA, Livingston MD, Markowitz S, Wagenaar AC, "The Effect of an Increased

Minimum Wage onInfant Mortality and Birth Weight" *American Journal of Public Health* 2016; 106: 1514–1516
2. International Labour Office. "Global Wage Report 2010/11: Wage policies in times of crisis" Geneva, 2010
3. 여유진. 「아동빈곤의 추이와 함의」《보건복지 Issue & focus》336호. 한국보건사회연구원. 2017
4. 조선일보 2018년 5월 21일자. 〈신생아 1명당 1억?… 저출산 예산 30조 돌파〉

노르웨이 임신중절 진료 형태, 완전히 바뀐 까닭은?

1. Løkeland M, Bjørge T, Iversen OE, Akerkar R, Bjørge L. "Implementing medical abortion with mifepristone and misoprostol in Norway 1998–2013" *International Journal of Epidemiology* 2017; 46(2): 643–651
2. 국가인권위원회. 「WHO: 건강과 인권에 관한 25가지 질문과 답변」 2002

함께 극복하는 재난의 공동체

1. Hikichi H, Tsuboya T, Aida J, Matsuyama Y, Kondo K, Subramanian SV, et al. "Social capital and cognitive decline in the aftermath of a natural disaster: a natural experiment from the 2011 Great East Japan Earthquake and Tsunami" *Lancet Planetary Health* 2017; 1(3): 105–113
2. Hikichi H, Aida J, Kondo K, Tsuboya T, Matsuyama Y, Subramanian SV, Kawachi I. "Increased risk of dementia in the aftermath of the 2011 Great East Japan Earthquake and Tsunami" *Proceedings of the National Academy of Sciences of the United States of America* 2016; 113(45): e6911–e6918
3. 416 세월호 참사 특별조사위원회(1기) 「안전사회소위원회 자문/전문위원 보고서」 2016

암 치료에도 '동네 의사'가 중요하다

1. Gorey KM, Kanjeekal SM, Wright FC, et al. "Colon cancer care and survival: income and insurance are more predictive in the USA, community primary care physician supply more so in Canada" *International Journal for Equity in Health* 2015; 14:109
2. Gorey KM, Hamm C, Luginaah IN, et al. "Breast Cancer Care in California and Ontario: Primary Care Protections Greatest Among the Most Socioeconomically Vulnerable Women Living in the Most Underserved Places" *Journal of Primary Care & Community Health* 2017; 8(3): 127–134

3. 정명관. 「일차의료 의사가 본 한국 일차의료의 문제점과 발전 방안」 시민건강연구소. 2016

진료 과정에서 '건강의 사회적 요인'에 대해 묻기

1. Naz A, Rosenberg E, Andersson N, Labonté R, Andermann A (the CLEAR Collaboration). "Health workers who ask about social determinants of health are more likely to report helping patients: Mixed-methods study" *Canadian Family Physician* 2016; 62(11): e684-e693

솔직한 무의식, 올바름을 위한 의식적 노력

1. 경향신문 2015년 8월 26일자. 〈"하나고, 남학생 늘리려 입시 조작" 현직 교사 폭로〉
2. 경향신문 2016년 5월 2일자. 〈['로스쿨 음서제' 파문] "아버지가 판사" "로펌 파트너"…교육부 '불공정' 감싸기〉
3. JTBC 뉴스 2017년 9월 11일자. 〈강원랜드 채용비리 만연…신입사원 95% '빽'으로 뽑아〉
4. Capers Q, Clinchot D. McDougle L, Greenwald AG. "Implicit Racial Bias in Medical School Admissions" *Academic Medicine* 2017; 92(3): 365－369
5. 〈Project Implicit〉 사이트에서 무료로 검사에 참여할 수 있다. 인종 편견 이외에도 성별, 연령, 장애, 비만 등에 대한 무의식적 편견 수준을 확인해 볼 수 있다. (https://implicit.harvard.edu)
6. van Ryn M, Hardeman R, Phelan SM, et al. "Medical school experiences associated with change in implicit racial bias among 3547 students: a Medical Student CHANGES Study report" *Journal of General Internal Med* 2015; 30(12): 1748－1756

연대의 공동체가 우리를 지킨다

1. Commission on Social Determinants of Health Final Report. "Closing the Gap in a Generation: Health Equity Through Action on the Social Determinants of Health" Geneva: WHO. 2008
2. Notzon FC, Komarov YM, Ermakov SP, Sempos CT, Marks JS, Sempos EV. "Causes of declining life expectancy in Russia" *Journal of American Medical Association* 1998; 279(10): 793-800

몸은 사회를 기록한다

– 우리 몸에 새겨진 불평등의 흔적들

2018년 7월 31일 처음 찍음 | 2024년 5월 1일 세 번 찍음

글쓴이 시민건강연구소

펴낸곳 도서출판 낮은산 | **펴낸이** 정광호 | **편집** 강설애 | **제작** 세걸음

출판 등록 2000년 7월 19일 제10-2015호

주소 04048 서울시 마포구 어울마당로5길 16 반석빌딩 3층

전화 02-335-7365(편집), 02-335-7362(영업) | **팩스** 02-335-7380

홈페이지 www.littlemt.com | **이메일** littlemt2001ch@gmail.com | **트위터** @littlemt2001hr

제판·인쇄·제본 상지사 P&B

ISBN 979-11-5525-107-2 03330